TRADUCTION ET DROITS D'AUTEUR

GUIDE DE PUBLICATION POUR LES AUTEURS
TRADITIONNELS ET INDÉPENDANTS

S. C. SCOTT

Traduction par
CHIMÈNE ELESSA

CREATIVE MINDS MEDIA

Traduction et droits d'auteur

Guide de publication pour les auteurs traditionnels et indépendants

Copyright © 2018 S. C. Scott

Tous droits réservés. Aucune partie de cette publication ne peut être reproduite, stockée dans un système d'extraction ou transmise sous quelque forme que ce soit ou par un quelconque moyen – électronique, mécanique, enregistrement ou autre – sans l'autorisation écrite préalable du détenteur des droits d'auteur et de l'éditeur. La numérisation, le téléchargement et la distribution de ce livre sur Internet ou par tout autre moyen sans l'autorisation de l'éditeur est illicite et punissable par la loi.

Veuillez n'acheter que des éditions électroniques autorisées et ne pas encourager ou participer au piratage d'œuvres protégées. Merci de votre soutien.

Ceci est une œuvre de fiction. Les noms, personnages, lieux et incidents sont le produit de l'imagination de l'auteur ou sont utilisés de façon fictive. Toute ressemblance à des personnes réelles, vivantes ou mortes, à des établissements commerciaux, à des événements ou à des localités serait purement fortuite.

eBook ISBN : 978-1-988272-82-5

Broché ISBN : 978-1-77866-015-3

Publié par Creative Minds Media

TRADUCTION ET DROITS D'AUTEUR

À vos marques, prêt, traduisez !

La ruée vers l'or dans le domaine de l'édition indépendante est loin d'être terminée.

En fait, elle ne fait que commencer sur les marchés non anglophones. Vous pouvez donc trouver de nouveaux lecteurs, de nouveaux marchés et vous faire plus d'argent en faisant traduire vos livres dans d'autres langues. C'est plus facile que vous ne l'imaginez.

Apprenez donc à :

- Identifier les marchés mondiaux favorables à votre genre littéraire
- Trouver les meilleurs traducteurs
- Traduire vos livres sans le moindre investissement de départ
- Protéger et exploiter vos droits
- Générer de multiples sources de revenus grâce à vos livres
- Attirer de nouveaux lecteurs, connaître de nouveaux marchés et gagner plus d'argent.

Une fois que vous aurez lu ce livre, vous regretterez de ne pas avoir entamé cette démarche plus tôt mais en fait, il n'est jamais trop tard. Il n'y a même jamais eu de meilleur moment pour trouver de nouveaux marchés, attirer de nouveaux lecteurs et gagner plus d'argent.

1

PANORAMA DE LA TRADUCTION LITTÉRAIRE

Bienvenue dans le monde merveilleux de la traduction littéraire. Aujourd'hui, il est plus facile que jamais de partager vos livres avec des lecteurs situés aux quatre coins du monde.

J'ai donc écrit ce livre pour des auteurs comme vous qui veulent se faire connaître sur de nouveaux marchés, augmenter leurs ventes et élargir leur lectorat. Il y a plusieurs années, lorsque j'explorais les alternatives aux droits étrangers et aux traductions, je ne trouvais nulle part les informations que je cherchais. J'ai finalement trouvé mes réponses grâce à l'expérience de terrain mais le peu d'informations que j'ai glanées étaient généralement dépassées. En tout cas, elles n'étaient certainement pas destinées aux auteurs indépendants du 21e siècle.

J'ai fait en sorte que ce livre soit le plus court possible afin qu'il vous serve de guide tout au long de votre évolution dans votre aventure linguistique. Je suis parti du principe que vous avez déjà publié vos livres de façon indépendante et que vous êtes donc bien informés sur le sujet. Si ce n'est pas le cas, d'excellents livres traitent de l'édition et de sujets afférents. Je n'ai donc pas reproduit leurs contenus ici.

Je vous recommande vivement de lire ce livre dans son intégralité avant d'entamer votre projet de traduction. En effet, avoir une idée globale du sujet avant de commencer vous fera gagner du temps et économiser des efforts plus tard. Le livre débute par une vue d'ensemble avant d'entrer dans les détails car je pense que c'est la meilleure manière de comprendre les concepts qui garantissent le succès des traductions. J'espère qu'il parviendra également à instiller en vous la confiance nécessaire pour réussir. Surtout, je souhaite que vous évitiez certaines des erreurs que j'ai commises à mes débuts. Une fois que nous aurons étudié les bases, nous nous plongerons dans les détails.

Il n'est pas nécessaire de prendre des notes. Vous trouverez dans les derniers chapitres les réponses à toutes les questions que vous vous poserez. Il y sera exposé tous les détails dont vous avez besoin pour démarrer. Des *checklists* résumant les points principaux seront également incluses à la fin du livre.

Si vous décidez de lire ce livre dans un ordre différent, c'est très bien aussi. Après tout, chacun apprend et absorbe les informations à sa manière.

Merci d'avoir choisi ce livre. J'espère que vous le trouverez utile.

De multiples sources de revenus

Nous, les auteurs, avons tendance à considérer nos livres comme une extension de nous-mêmes. Dans un sens, ils le sont car nous avons créé une propriété intellectuelle. Cependant, ils sont aussi des produits qui peuvent prendre plusieurs formes physiques. Une fois que vous adoptez cet état d'esprit, il se pourrait que vous vous demandiez pourquoi vous n'avez pas envisagé la traduction plus tôt.

Considérez chaque livre comme un capital individuel à partir duquel des droits dérivés supplémentaires peuvent être créés. La plupart des auteurs rêvent de voir leurs livres adaptés au cinéma ou à la télévision et beaucoup d'autres ont déjà leurs œuvres en format de poche et version audio. Néanmoins, le seul domaine qui est généralement négligé, c'est la traduction. Faites traduire votre livre dans neuf langues et soudainement, vous en avez dix. C'est comme les multiples sources de revenus, puissance dix !

Mais, attendez, il y a encore mieux.

Chaque livre traduit peut aussi se transformer en plusieurs autres produits. Vous pouvez créer neuf nouveaux livres audio dans chaque langue. Soudainement, votre roman n'est plus seulement un livre numérique, un livre de poche et un livre audio en langue originale. Lorsque vous recourez à la traduction de votre œuvre dans neuf autres langues, vous obtenez (9+1) x 3 formats = 30 produits au lieu de 3 seulement. C'est plutôt incroyable, non ?

Peut-être aviez-vous déjà atteint cette conclusion mais imaginiez-vous que vos chances de succès étaient faibles, à moins de faire partie des plus grands auteurs de *best-sellers*. Bien entendu, vos livres doivent connaître un minimum de succès commercial pour prétendre obtenir des ventes honorables sur d'autres marchés. Néanmoins, il existe de nombreux livres ayant un grand potentiel pour les traductions mais qui ne figuraient pas parmi les meilleures ventes dans leur langue d'origine. Votre livre pourrait être le suivant.

Tout ce que vous avez à faire, c'est de trouver des traducteurs, signer des contrats avec eux et attendre de recevoir votre livre traduit. C'est presque aussi facile mais pas vraiment. En effet; vous devez faire votre part de travail pour vous assurer d'avoir un produit de qualité. Votre nom d'auteur est votre marque et, de la qualité de la traduction, dépend le succès ou l'échec de cette marque.

Une excellente traduction est obtenue après avoir trouvé un traducteur talentueux. Par ailleurs, choisir un mauvais traducteur peut nuire à votre réputation. Rechercher et sélectionner des traducteurs peut se révéler long au départ mais cela en vaut la peine. Un bon traducteur peut vous ouvrir de nouveaux marchés et rendre vos livres accessibles à de tout nouveaux lecteurs qui apprécieront la découverte. Certains de ces lecteurs pourraient même devenir vos plus grands fans.

Si vous lisez ce livre, je suppose que vous appartenez à l'un des cas de figure suivants.

Vous êtes :

- Un auteur indépendant cherchant à se faire connaître sur d'autres marchés.
- Un auteur traditionnel ayant conservé ses droits étrangers et souhaitant apprendre à les monétiser.
- Soit un nouvel auteur soit un auteur établi cherchant à comprendre toutes les options à sa disposition ainsi que les marchés potentiels et les façons d'y pénétrer.

Peut-être votre livre est-il un best-seller dans votre langue ou alors êtes-vous toujours en phase de croissance de votre lectorat ? Quel que soit votre statut actuel, c'est toujours une bonne idée d'explorer les différentes manières de prendre votre carrière en main, y compris, en recourant à des traductions dans d'autres langues.

Le problème est que vous ne savez pas par où commencer ni même si vous devez commencer. Parfois, la traduction peut valoir l'investissement financier mais d'autres fois, ce n'est pas le cas. Il est donc important de comprendre votre propre potentiel de gains ainsi que le potentiel en matière d'investissement de temps, d'argent, d'effort dont vous aurez besoin. Connaître vos options augmente vos chances de succès de façon importante.

L'objectif de ce livre est de vous donner une vue d'ensemble du marché ainsi que les connaissances et les outils nécessaires pour évaluer vos chances de succès sur un marché étranger. Même si vos droits étrangers ont déjà été attribués à un éditeur, il est important de savoir quelles sont vos options. Il existe, en effet, de nombreux choix pour vos livres déjà écrits ainsi que pour vos futures œuvres dans ce monde de l'édition à l'évolution si rapide.

Connaître les options disponibles peut vous aider à prendre des décisions tout au long du processus. Si vous avez déjà attribué vos droits étrangers, il se peut que vous n'ayez pas pensé à ce que vous alliez en faire. Dans le passé, ces droits étrangers auraient été considérés comme une mine d'or puisqu'il s'agissait de marchés potentiels qui vous étaient inaccessibles en tant qu'auteur individuel. Peut-être êtes-vous un auteur indépendant se demandant s'il doit vendre ses droits étrangers ou les garder ?

Quel que soit le cas, les barrières linguistiques, culturelles et géographiques signifiaient que vous ne pouviez pas pénétrer de nouveaux marchés seul. Vous aviez besoin d'un agent et d'un éditeur étranger intéressé par le fait de publier votre livre dans une langue étrangère et même dans ces cas-là, c'était rarement viable financièrement. Cependant, tout cela a changé.

La technologie a rendu le monde de l'édition indépendante mondiale à la fois possible physiquement et viable économiquement. Il y a de nombreuses façons de faire traduire votre livre en plusieurs langues et la méthode que vous choisissez peut grandement influencer la possibilité que votre livre génère des profits ou non. Il est essentiel de comprendre les options disponibles pour les livres que vous avez déjà publiés ainsi que pour ceux que vous publierez à l'avenir.

Il se peut même que vous souhaitiez que ces droits vous soient restitués. En tout cas, le contenu de ce livre vous donnera une meilleure idée de la façon de monétiser vos droits étrangers. Connaître toutes les options vous aidera à prendre une décision réfléchie. Sachez, en revanche, qu'il n'existe pas qu'une seule réponse mais plutôt un ensemble de décisions qui fonctionne mieux pour vous.

Les temps changent

Il n'y a pas si longtemps, la seule manière de faire traduire des livres en langues étrangères devait passer par l'intermédiaire d'un agent ou d'une maison d'édition. Les auteurs donnaient leurs droits de traduction étrangère à leur éditeur qui, ensuite, vendait les droits à un agent ou à une maison d'édition dans un autre pays. Il y avait tellement de personnes impliquées tout au long du processus et qui prenait chacune leur part que l'auteur n'obtenait qu'un maigre retour financier.

Les auteurs pensent parfois qu'il n'y a pas d'argent à se faire dans les traductions mais, souvent, c'est juste que l'argent est divisé en trop de parts avec seulement un petit pourcentage restant pour l'auteur au bout de la chaîne. Les auteurs qui possèdent des contrats de droits étrangers voient souvent les recettes nettes sans comptabilité détaillée et pourraient même ne jamais connaître les bénéfices bruts de leurs livres.

Le processus est rendu encore plus complexe à cause des barrières linguistiques, la bureaucratie et la paperasserie. De nombreux auteurs possédant des traductions étrangères de leur travail n'ont souvent jamais rien reçu d'autre qu'une petite avance initiale. Ajoutez-y des rapports financiers rares ou inexistants et vous ne serez pas surpris d'apprendre que de nombreux auteurs croient que les traductions ne valent pas leur temps ni leurs efforts.

Encore une fois, la technologie a changé tout cela. Internet a connecté des traducteurs et des auteurs comme jamais auparavant. Nous avons aussi à présent des rapports automatisés, des plateformes de vente en ligne et des systèmes de distribution efficaces. Il n'est plus nécessaire d'avoir un intermédiaire pour conclure un accord et prendre sa part de revenus. Vous pouvez faire affaire directement avec un traducteur et faire publier votre livre exactement de la même façon que pour la version originale grâce aux progrès technologiques qui ont ôté la plupart des barrières.

Ce qu'il est important de retenir, c'est que les choses sont en train de changer rapidement et des occasions se présentent tous les jours pour les auteurs. Il est plus important que jamais de vous assurer que vos décisions sont réfléchies, quel que soit le chemin que vous empruntez. Je ne sais pas pour vous mais pour ma part, je tiens à être récompensé pour mon travail comme le créateur que je suis.

J'espère que ce livre vous aidera à éviter certaines erreurs de débutant et, de façon plus importante, à tirer le plus possible profit de l'énorme valeur de votre propriété intellectuelle. Vous avez le potentiel de gagner beaucoup plus d'argent grâce à vos livres en les faisant traduire dans d'autres langues.

Pourquoi ai-je fait le choix de faire traduire mes livres ?

J'écris des romans policiers et des romans à suspense sous un pseudonyme. Je les publie de manière indépendante sur de nombreuses plateformes de vente, y compris les plus grandes comme Amazon, Apple iBooks, Barnes & Noble, Google Play et Kobo, ainsi que chez de plus petits revendeurs.

J'ai commencé à faire traduire mes livres il y a plusieurs années. À cette époque, il n'y avait peu ou pas d'informations disponibles en ligne, alors j'ai appris sur le terrain. De nombreuses opportunités existent pour des auteurs ambitieux qui ont l'esprit large mais cela nécessite un peu de travail. En partageant mon expérience avec vous, j'espère vous rendre la tâche aussi aisée et fluide que possible et, même, établir une voie rapide vers le succès.

Je crois en l'importance de créer de multiples sources de revenus ou, pour ainsi dire, garder mes œufs dans plusieurs paniers. Bien que je sois un auteur à plein temps, l'écriture n'est pas ma seule source de revenus. En plus des revenus liés à la vente de mes livres, je dirige une petite entreprise à temps partiel et je reçois des revenus passifs provenant de mes investissements.

En tant qu'investisseur, je sais diversifier mes investissements pour atténuer le risque qu'un investissement se passe mal et que je perde tout. Toutefois, la diversification n'est pas seulement destinée à faire preuve de sécurité. Elle peut aussi vous permettre d'accéder à plus d'opportunités. J'ai suivi la même stratégie avec mes livres : effectuer des investissements stratégiques, rester ouvert à de nouvelles opportunités et réduire les risques partout où cela m'est possible.

Je crois en la diversification non seulement pour répartir les risques mais pour bénéficier du maximum d'opportunités.

À part l'écriture de différents genres et séries, il existe d'autres façons de se diversifier tels que les livres audio, les livres de poche et les livres reliés. Publier ses livres sur plusieurs plateformes de vente au lieu de n'en utiliser qu'une seule est une autre manière de diversifier. Il y a évidemment des arguments contraires car certains auteurs se rendent compte qu'ils maximisent leurs revenus en se concentrant sur une seule plateforme.

En fait, il est possible de faire les deux. Vous pouvez, par exemple, décider de faire partie de Kindle Select exclusivement pour vos livres dans votre langue d'origine mais d'avoir une approche de vente plus large pour les versions traduites. Il existe tellement de manières d'élargir votre travail d'écriture. De plus, la traduction est l'une des meilleures façons de se faire connaître sur de nouveaux marchés et de monétiser davantage vos atouts littéraires.

Pour chaque atout littéraire que vous possédez, vos chances d'élargir votre lectorat grandissent. De même et, en théorie, votre ligne de produits vous permet d'augmenter vos revenus. Bien entendu, votre travail doit être commercialisable. Toutefois, la commercialisation dans une langue ne garantit pas que le livre sera populaire une fois traduit dans d'autres langues et vendus dans d'autres pays et d'autres régions. En effet, les goûts en matière de fiction et de non-fiction varient grandement d'un pays à l'autre, d'une région à l'autre et d'une langue à l'autre. C'est donc un paramètre dont il faut tenir compte avant de se lancer. Cependant, sachez que le marché existe si vous avez un bon livre dans un genre apprécié et dans la bonne langue.

Le roman semble être un genre populaire partout, même si cette grande catégorie comporte des spécialités et des sous-genres qui, eux, varient grandement en fonction des cultures, des langues et des lecteurs. Si vous écrivez des œuvres fantastiques, de science-fiction, des romans policiers ou des romans à suspense, de nombreux marchés existent pour vous aussi.

Garder le contrôle

Aujourd'hui, plus qu'à une toute autre époque de l'histoire, la technologie permet aux auteurs de contrôler leur propriété intellectuelle et de toucher un public plus large. Aujourd'hui, de nombreux auteurs font l'impasse sur la voie éditrice traditionnelle et publient directement sur les plateformes de vente comme Amazon ou Apple. Il n'y a pas si longtemps, les éditeurs traditionnels étaient les gardiens du métier, ceux qui décidaient quel livre devait être publié et à quel moment.

Certains des auteurs les plus chanceux obtenaient la traduction de leurs livres dans plusieurs langues dans des contrats de droits où l'éditeur devait attribuer ces droits en échange d'une part financière. Au final, néanmoins, la plupart de ces auteurs touchaient très peu de cet argent.

Tout cela a change, même si toute grande opportunité apporte aussi son lot de nouveaux problèmes et de pièges dont il faut tenir compte. Certaines personnes aiment la sensation de contrôle qu'elles ont en s'impliquant dans le processus, tandis que d'autres préfèrent que quelqu'un fasse ce travail pour elles. La bonne nouvelle est que vous pouvez adopter l'approche qui vous convient le mieux. Ce livre vous donne les informations nécessaires pour que vous prenniez des décisions avisées.

Au cours de ces dernières années, j'ai fait traduire mes livres en plusieurs langues et je compte en effectuer beaucoup d'autres. J'ai aussi la chance que la tendance des livres numériques se soit bien développée dans ma langue maternelle (l'anglais). Je suis convaincu que l'environnement actuel de l'auto-édition n'est qu'à ses débuts. Il y a plus de marchés et plus de lecteurs qui recherchent des livres écrits par des auteurs comme moi. C'est vraiment bien de décider quels livres je veux vendre et sur quels marchés. J'aime la capacité de prendre mes propres décisions et de m'adapter rapidement si les conditions du marché changent.

Plus de produits à vendre

Vous avez déjà écrit votre livre et vous possédez un produit à vendre. Pourquoi ne pas faire traduire ce livre en autant de langues que vous le souhaitez ? En effet, chaque langue représente une nouvelle source de revenus. Tout ce qu'il vous faut, c'est quelqu'un qui effectue la traduction dans une autre langue. Cela paraît simple, n'est-ce pas ?

C'est ce qu'on pourrait penser mais …

La traduction, comme l'écriture, est un art. Si vous avez déjà utilisé un outil de traduction automatique comme Google

Translate et si vous avez une bonne connaissance d'une langue source et d'une langue cible, vous devez savoir que chaque langue a des nuances qui sont facilement et souvent perdues au cours de la traduction.

La syntaxe, la conjugaison et le sens peuvent varier d'une langue à l'autre. Même au sein de la même langue, le sens et les dialectes peuvent varier (différences entre l'anglais américain et l'anglais britannique, différences entre l'espagnol d'Espagne et l'espagnol d'un pays d'Amérique du Sud). Généralement, les différences mineures sont comprises à travers les régions mais les plus grandes différences ne sont pas forcément tolérées ni même comprises. Quand bien même elles seraient comprises, il n'est pas souhaitable de perturber le lecteur avec des termes non familiers et une syntaxe inhabituelle. Votre livre doit se lire de façon naturelle, comme lorsqu'il est en version originale.

Votre traducteur réécrit efficacement votre livre, du début à la fin, alors il est important de vous assurer de trouver quelqu'un qui traduise non seulement le sens des mots mais aussi le ton et l'atmosphère de l'histoire. Un roman à suspense, par exemple, doit garder cette atmosphère et cette tension pour une lecture qui assure la frayeur des lecteurs.

Une bonne traduction permet de vendre plus de livres qu'une traduction médiocre. Une mauvaise traduction va ternir votre réputation et dissuader les lecteurs d'acheter vos futurs livres. Heureusement, il existe des manières de garantir l'obtention d'une bonne traduction. Nous explorerons cette voie dans les chapitres qui suivent. Je suis même certain qu'une minorité de chanceux parmi vous trouveront un traducteur si talentueux que la version traduite se révèlera bien meilleure que le texte original !

Je vais vous donner toutes les informations dont vous aurez besoin pour trouver d'excellents traducteurs et pour que vos livres soient connus au niveau mondial. Maintenant, commençons.

2

POURQUOI DEVRIEZ-VOUS RECOURIR À LA TRADUCTION ?

Il y a de nombreuses raisons de faire traduire vos livres en plusieurs langues. Vous trouverez notamment de nouveaux lecteurs. Les gens qui ne parlent pas ou ne lisent pas dans votre langue ne découvriront jamais votre travail, à moins qu'il ne soit rédigé dans une langue qu'ils comprennent. La traduction vous permet donc de dépasser les barrières linguistiques et d'établir des liens avec des lecteurs que vous n'auriez jamais connus autrement.

Une croyance très courante est que les livres doivent déjà être des best-sellers pour que la traduction en vaille la peine et que, même dans ces conditions, c'est une grosse prise de risque. Toutefois, je pense que c'est une exagération. Ce qui est vrai, c'est que vos livres devraient au moins être populaires dans leur genre avant que vous n'envisagiez de vous investir dans de nouveaux (et souvent plus petits) marchés. En soi, un plus petit marché ne signifie pas que les ventes de vos livres seront plus faibles. Il y a souvent moins de concurrence et vous pouvez fixer des prix plus élevés, une chose dont la plupart des gens ne tiennent pas compte lorsqu'ils estiment la valeur de leurs droits étrangers. Cependant, vous devez toujours regarder vos livres de façon critique lorsque vous faites le choix des marchés sur lesquels vous vous lancerez. Il s'agit, en effet, d'un premier pas à faire avant d'aller plus loin.

Les livres qui ne se sont pas beaucoup vendus dans leur langue originale peuvent devenir des succès cinématographiques dans une autre langue. Bien entendu, il s'agit d'une exception plutôt que d'une règle mais cela arrive plus souvent qu'on ne le pense. Je ne recommanderais certainement pas de traduire un livre qui se vend mal car, souvent, il se vendra aussi mal dans d'autres langues pour les mêmes raisons que pour l'original. Toutefois, si vous avez un livre bien rédigé ayant reçu des avis positifs de clients et qui se vend assez bien, il a le potentiel de bien se vendre sur un autre marché. Il existe de nombreux exemples de livres qui correspondent à cette description.

D'autres éléments sont à prendre en considération avant d'évoquer les ventes en elles-mêmes. Les marchés varient grandement selon la langue, le pays et le genre. Par exemple, les romans policiers sont très populaires en anglais mais ne se vendent pas bien en espagnol. Les romans d'amour sont le genre le plus populaire dans pratiquement toutes les langues et tous les pays mais le succès de plusieurs sous-genres varie beaucoup pour des raisons de goût et de conventions culturelles.

Les romans policiers semblent être le genre le plus populaire dans l'hémisphère nord (peut-être est-ce dû à ses longs hivers ?). En fin de compte, tout comme dans la mode, les tendances vont et viennent. La meilleure façon de savoir si une traduction vaut votre investissement est d'étudier le marché et les librairies dans la langue cible choisie. S'il y a des livres similaires aux vôtres, alors la voie de la traduction vaut la peine d'être explorée.

Aujourd'hui, Amazon est le site de vente qui domine dans la plupart des pays anglophones, même si Kobo est numéro un au Canada et populaire en Australie et en Nouvelle-Zélande. En Amérique du Nord et au Royaume-Uni, les gens ont tendance à se rendre en priorité sur Amazon mais ce site n'est pas le site de référence dans de nombreux pays. Dans la plupart des pays, Amazon n'a aucune présence. En France, la Fnac.com est la librairie en ligne la plus populaire, même si Amazon la talonne. L'Italie possède de nombreuses librairies dont Mondadori mais Amazon y est très populaire.

Les livres traduits peuvent avoir des prix beaucoup plus élevés dans certaines langues et pas dans d'autres. C'est essentiellement une question d'offre et de demande. L'anglais représente le marché le plus avancé en matière de livres numériques grâce à son offre plus élevée et sa sélection plus large. Toutefois, il a également les prix les plus bas et le niveau de concurrence le plus élevé. De nombreux auteurs se concentrent uniquement sur les plus gros marchés représentés par l'anglais et l'allemand mais, dans certains cas, ils pourraient faire des bénéfices plus facilement sur des marchés moins fréquentés où leurs livres se feraient davantage remarquer. Un livre populaire dans le bon genre peut imposer un prix fort s'élevant à 9,99 euros ou plus pour un roman bien écrit. Je préférerais obtenir 70 % sur 9,99 euros plutôt que 30 % sur 99 centimes. Je dois vendre plus de 23 livres à 99 centimes contre un seul à 9,99 euros pour gagner cette somme d'argent.

Un autre avantage des traductions est la visibilité obtenue si la langue ciblée choisie correspond à un marché moins concurrentiel. Il est, en effet, plus facile de se retrouver sur la liste des meilleures ventes de livres sur un marché moins encombré. Votre livre pourrait-il tirer son épingle du jeu ?

Regardez les meilleures ventes dans la langue cible qui vous intéresse afin de voir si des livres similaires aux vôtres sont populaires. Le statut de best-seller peut aussi varier énormément d'une librairie à l'autre au sein de chaque pays, alors assurez-vous de trouver quelles sont les librairies les plus fréquentées dans chaque pays particulier et servez-vous-en comme un guide. Regardez ensuite quels genres s'y vendent bien. Est-ce que votre genre en fait partie ? Si c'est le cas, la traduction pourrait être une démarche à prendre en considération.

Il est aussi important de se rappeler qu'un livre classé numéro un sur Amazon Brésil n'a rien à voir avec un livre classé numéro un sur le site original d'Amazon en termes de volume de ventes. Le marché au Brésil est beaucoup plus petit en termes de lecteurs et le prix de vente est aussi beaucoup moins élevé, ce qui signifie moins de possibilités financières pour vous.

Par ailleurs, il existe aussi moins de livres traduits en portugais dans les librairies par rapport aux livres anglophones sur le site original d'Amazon. Ce volume moins important signifie qu'il faut moins de ventes pour qu'un livre atteigne le statut de best-seller. Cela signifie plus de visibilité pour vous, ce qui entraînera la vente de plus de livres.

Tout cela montre qu'il y a plusieurs variables en jeu. Un marché qui peut paraître trop petit peut s'avérer rentable quand tous ces facteurs sont pris en compte, en particulier sur un marché en pleine croissance. Pour l'instant, néanmoins, ne pensez pas qu'un best-seller en portugais brésilien vous rapportera des centaines de milliers d'euros. Cela ne sera pas le cas, du moins, pas pendant une période.

Vous savez probablement que *Les Hommes qui n'aimaient pas les femmes* (premier roman de la trilogie *Millenium*) ainsi que les autres livres de Stieg Larsson ont été publiés à l'origine en suédois. Ils se sont bien vendus en Suède mais la traduction allemande n'a pas vraiment attiré l'attention escomptée. Puis ils ont été traduits en anglais et les ventes sont montées en flèche en Amérique du Nord, au Royaume-Uni et, finalement, la traduction allemande est devenue un succès en Allemagne. Le catalyseur a été la version anglaise qui a incité les lecteurs allemands à enfin remarquer ces livres en allemand. Faire connaître vos livres sur plusieurs marchés peuvent donc avoir des effets exponentiels. Peut-être votre livre aura-t-il un tel succès ?

Passé, présent et avenir

Il y a quelques années, la seule façon d'intégrer les marchés étrangers se passait par l'intermédiaire d'un agent des droits étrangers, généralement votre agent habituel. Vous payiez ensuite un pourcentage de votre avance à votre agent et à l'agent étranger. L'idée de payer de fortes commissions était acceptable parce qu'il n'y avait pas d'alternative. Il y avait plusieurs intermédiaires et chacun d'entre eux prenait sa part. Le résultat était que la plupart des auteurs ne touchait pas un centime au-delà d'une petite avance.

De nombreux auteurs pensent que les traductions ne sont pas rentables parce qu'elles ne l'ont pas été pour *eux*. En réalité, elles sont rentables mais pour les intermédiaires : votre éditeur, l'éditeur étranger et l'agent ou les agents impliqués. Si ce n'était pas le cas, votre éditeur n'insisterait pas autant pour obtenir vos droits étrangers lors de la signature de votre contrat d'édition.

Quelqu'un se fait de l'argent et il est temps que cette personne soit vous ! Les temps changent et le modèle est aussi en train de changer.

À l'époque, quand Internet n'existait pas encore, rien de tout cela n'était possible. Il y a même quelques années seulement, il était difficile de dépasser les barrières linguistiques. L'auto-édition n'existait pas non plus. Tout cela a changé et, aujourd'hui, les éditeurs indépendants ont devant eux des tas d'opportunités qui n'étaient pas disponibles avant. La technologie a éliminé les barrières et a permis l'existence des plate-formes qui nous permettent de toucher plus de lecteurs que jamais.

Des outils aussi simples que Google Translate nous permettent de traduire rapidement et facilement en langues étrangères. Le résultat est généralement assez littéral donc pas vraiment élégant mais ça peut être utile et suffisant dans certains cas. Soudainement, en cliquant sur « Traduire », on peut obtenir rapidement une traduction suffisamment acceptable pour faire passer le message d'un site Internet, d'un article ou d'un texte. Et juste au cas où vous vous poseriez la question, je tiens à dire clairement que vous ne devriez JAMAIS recourir à Google Translate pour traduire vos livres ! Cet outil ne peut en aucun cas remplacer un traducteur littéraire, du moins, pas pour l'instant.

L'édition traditionnelle et les clauses relatives aux droits étrangers

Si vous avez adopté la voie traditionnelle pour publier vos livres, votre contrat d'édition cède vos droits à votre éditeur durant le restant de vos jours et pour une durée de plus de 70 ans après votre mort, ce qui correspond peut-être aussi à la durée de vie de vos enfants ! Cette pratique m'a toujours paru drastique mais c'est comme cela que les choses se passaient et comme cela qu'elles se passent encore. Il est en effet probable que vous aurez les mêmes dispositions si vous vendez vos droits étrangers à votre éditeur.

Ces dispositions ne sont peut-être pas idéales mais elles ne requièrent aucun effort de votre part. Toutefois, est-ce que le résultat vaut le coût de l'opportunité que vous venez de céder ? Comment pouvez-vous savoir ce qu'il aurait pu se passer autrement ? La gestion des *royalties* est tellement opaque qu'il se peut que vous ne sachiez pas exactement combien vous avez donné avant que vous ne décidiez de comparer cette transaction avec les nouvelles options qui sont disponibles pour vous aujourd'hui.

L'avance mise à part, si vous vendez suffisamment de livres pour couvrir cette avance, le détaillant vous verse un pourcentage des recettes nettes de l'éditeur. C'est généralement un faible pourcentage. Vous souvenez-vous de tous ces gens qui servent d'intermédiaires ? Ils déduisent toujours leurs commissions et leurs dépenses avant que l'argent ne vienne vers vous, le créateur du livre. C'est beaucoup d'argent que vous ne touchez pas, vous, l'auteur.

L'une des raisons pour lesquelles les auteurs pensent que les traductions de leurs livres ne sont pas rentables est qu'ils ne voient jamais l'argent qui en découle. Ils estiment que cela est dû à des marchés plus petits ou à la mauvaise adaptation de leur travail dans d'autres langues. Bien entendu, certains de ces arguments sont fondés mais souvent, la principale raison est qu'une fois les coûts payés à l'intermédiaire, le montant résiduel qui revient à l'auteur est très faible.

L'arrangement traditionnel présente de réels avantages. Vous signez et vous pouvez laisser quelqu'un d'autre s'occuper des problèmes de publication et de promotion. Vous pouvez obtenir de meilleures opportunités de tirage auprès d'un éditeur traditionnel car il pourra, en théorie du moins, placer vos livres dans davantage de librairies. Toutefois, aujourd'hui, les auteurs ayant choisi l'auto-édition peuvent placer leurs livres dans les mêmes canaux de distribution et catalogues que les auteurs qui empruntent la voie traditionnelle pour la publication. Ce phénomène peut toujours varier légèrement d'un pays à un autre mais les barrières s'affaissent rapidement. Je suis même prêt à parier que le moindre avantage détenu par l'édition traditionnelle sur l'édition indépendante disparaîtra au plus tard au cours des trois à cinq années.

Naturellement, la plupart des auteurs préfèreraient écrire plutôt que d'avoir à gérer les complexités de l'édition et du marketing. Si vous êtes chanceux, vous recevez un chèque une fois de temps en temps mais même si vous n'êtes pas vraiment conscient de laisser de l'argent sur la table, il existe un autre inconvénient à vendre vos droits : la perte de contrôle et de visibilité de vos ventes. Nous aborderons ces aspects plus en détail plus loin dans le livre.

Si vos livres ont été publiés de façon traditionnelle, vous avez déjà probablement cédé vos droits étrangers pour certains ou pour l'ensemble de vos livres. La plupart des auteurs le font lorsqu'ils signent leur contrat d'édition. Cependant, vous souvenez-vous du facteur multiplicateur que j'ai mentionné plus haut concernant les 3 livres et les 9 nouvelles langues ? Vous renoncez véritablement à de gros revenus potentiels lorsque vous abandonnez ces droits. Bien que cela donne un sacré coup de fouet à l'égo de signer avec un éditeur, il est encore plus excitant de voir l'argent s'accumuler sur votre compte en banque. Connaître vos options peut vous aider à saisir les futures opportunités.

C'est une bonne idée de vérifier vos contrats existants pour voir éventuellement quels droits étrangers vous avez signés et quels droits sont encore sous votre contrôle. Vous saurez ensuite quels livres vous pouvez faire traduire vous-même.

Le moins que l'on puisse dire, c'est que la terminologie juridique peut être confuse. Elle varie également selon les pays. C'est donc une bonne idée d'étudier un contrat avec l'aide d'un avocat avant de le signer. Même si votre éditeur et votre agent sont de bonnes personnes, ils ont leurs propres intérêts acquis présents dans le contrat, indépendamment des vôtres. Quand bien même les agents auraient beaucoup de connaissances dans le domaine de l'édition, ce ne sont pas des experts juridiques. L'avis d'un juriste peut paraître cher *a priori* mais cela vous fera probablement économiser voire gagner de l'argent à long terme.

Avertissement : je ne suis pas juriste et ce qui suit ne correspond pas à un conseil juridique. Je pense seulement que contrôler votre propriété intellectuelle relève toujours du bon sens commercial. Comme on le dit, le diable se niche dans les détails.

Si vous avez déjà signé un contrat, vous devez déterminer si vous avez vendu ou cédé vos droits. La distinction est très importante. Si vous avez vendu vos droits, il est possible que votre contrat contienne des termes spécifiant le droit de copier, distribuer, exécuter, etc. Il est très probable que vous ayez donné ces droits à l'éditeur afin qu'il les exploite. Si c'est le cas, il se peut que vous ayez renoncé au droit d'effectuer des traductions de votre livre.

Aujourd'hui, il est plus courant d'autoriser l'utilisation de vos droits. Dans ce cas-là, vous avez accordé un droit à l'éditeur. Ce droit peut être limité dans son ampleur et dans le temps. Les termes peuvent néanmoins demeurer larges. Avez-vous accordé les droits de votre livre numérique en langue originale ou alors des droits exclusifs à l'échelle mondiale ? Il est important de tenir compte de la portée de ces droits de licence dans votre contrat. C'est là qu'obtenir des conseils juridiques avant la signature des contrats peut vraiment être payant à long terme.

Cherchez également à savoir si l'éditeur possède à la fois l'expertise et l'intention d'exploiter les droits en votre nom. Si ce n'est pas le cas, vous feriez peut-être mieux de les garder.

Pour les futurs contrats, il est important de comprendre ce que vous obtenez et ce à quoi vous renoncez. Demandez à votre agent de vous expliquer les avantages et les inconvénients mais rappelez-vous que l'agent a tout intérêt à ce que vous signiez avec l'éditeur étant donné que c'est de cette façon qu'il reçoit une compensation et gagne sa vie. Vous avez peut-être des talents de négociateur, ou peut-être que non, mais c'est toujours une bonne idée d'être bien informé et puisque l'éditeur veut votre livre, vous avez probablement plus d'influence sur les termes du contrat que vous ne le pensiez dans un premier temps.

C'est une bonne chose de négocier afin de ne donner à

l'éditeur que les droits qu'il a des chances d'utiliser plutôt que les droits exclusifs. Si votre éditeur ne vous fournit pas les détails de ce qu'il va faire avec les droits de traduction et les autres, attribuez-lui plutôt des droits limités. Réservez des droits pour tout le reste, notamment la traduction.

Avec autant d'opportunités présentes aujourd'hui et dans un avenir proche, vous (ou une personne que vous embauchez) pouvez presque certainement rentabiliser les droits de manière plus efficace. Les temps changent et vous ne serez pas le premier auteur à demander à opérer des changements dans votre contrat de droits étrangers.

Un changement que vous pourriez envisager est de limiter la durée du contrat. Ainsi, si vous n'êtes pas satisfait des résultats, vous pourrez travailler avec un autre éditeur une fois l'échéance de l'ancien contrat arrivé à terme ou gérer le processus de traduction vous-même en suivant les étapes expliqués dans ce livre. Une durée de contrat plus courte fournit à l'éditeur une motivation supplémentaire pour promouvoir le livre le plus tôt possible.

Que vous choisissiez de remettre les droits à l'éditeur ou que vous décidiez de les rentabiliser vous-même, faites-le en toute conscience. Ce n'est pas parce que vous n'êtes pas célèbre que vous ne le serez jamais. J.K. Rowling a signé avec un éditeur pour des droits d'impression mais elle a eu la sagesse de garder ses droits sur la version numérique des livres et les autres droits subsidiaires. C'est cette décision qui lui a fait gagner des dizaines, voire des centaines de millions de dollars.

Carrie Fisher, l'une des stars des trilogies Star Wars avait cédé tous ses droits dérivés contre un petit forfait (« petit » selon les critères d'Hollywood) et n'avait rien reçu plus tard pour les produits dérivés créés à son image. Elle est donc passée à côté de millions de dollars. Bien entendu, son cas est extrême mais il est toujours difficile de prédire la destinée d'une œuvre à succès plusieurs années à l'avance. Une chose similaire pourrait vous arriver et vous ne pourrez pas effacer l'encre une fois le contrat signé.

Cela étant dit, si vous lisez ce livre, il y a de fortes chances que vous ayez déjà pensé à prendre davantage contrôle de vos droits de traduction étrangère. Il y a en effet des moyens de rendre votre livre accessible à des lecteurs vivant à l'étranger tout en gardant le contrôle sur votre propriété intellectuelle.

Ce livre a été écrit principalement pour les auteurs indépendants. Il présente donc une approche indiviuelle pratique mais nous étudierons toutes les options afin que vous preniez des décisions avisés.

Un monde d'opportunités et de multiples sources de revenus

En plus d'être un auteur, je me considère comme n'importe quel chef d'entreprise qui recherche des manières d'élargir son activité et de gagner plus d'argent. Nos livres représentent notre propriété intellectuelle qui peut être transformée en plusieurs nouveaux produits et en de multiples sources de revenus. J'ai toujours cru en la diversification et s'ouvrir à de nouveaux marchés grâce à la traduction correspond parfaitement à ce modèle.

Je crois aussi au vieil adage : « La chance intervient lorsque la préparation et l'opportunité se croisent. » Aujourd'hui est le moment idéal pour créer votre propre chance en en apprenant plus sur les superbes opportunités qui sont disponibles pour les auteurs comme vous. En effet, la technologie nous a donnés les outils qui nous permettent de tirer profit de notre propriété intellectuelle de différentes façons qui paraissaient impossibles il y a encore peu de temps.

Les livres numériques sont de plus en plus populaires dans plusieurs langues et sur différents marchés. Certaines zones d'opportunités sont évidentes. C'est le cas notamment de l'Allemagne qui compte des lecteurs avides de livres numériques et un nombre relativement élevé de lecteurs ayant les moyens de dépenser pour acquérir des livres. D'autres langues et marchés attrayants ne sont pas aussi évidents.

Tout au long de ce livre, j'utiliserai alternativement livres numériques et livres, même si les livres numériques représentent actuellement pour un auteur publié de façon indépendante la plus grande part des livres vendus. Les livres numériques ont aussi moins de barrières en matière de marché, de distribution et de technologie pour pénétrer des marchés étrangers. Ils représentent une voie peu coûteuse et peu risquée pour un lecteur de découvrir de nouveaux auteurs.

De plus en plus de gens lisent des livres numériques tous les jours sur leurs liseuses, téléphones ou tablettes. C'est surtout le cas dans les pays en voie de développement où les contraintes concernant l'offre et la distribution rendent les livres au format papier trop chers pour la plupart des gens. Les marchés des livres numériques peuvent rapidement devenir la forme dominante sur ces marchés et offrir de grosses opportunités aux auteurs. Toutefois, je publie toujours des exemplaires de mes traductions dans les deux formats (papier et électronique) et je vous recommande de faire de même. Les possibilités d'imprimer les livres et les obstacles à la distribution se réduisent tout le temps et, grâce à Internet, les livres de poche aussi ne se trouvent qu'à un clic de souris pour les lecteurs.

Il est important d'étudier chaque langue et chaque marché pour comprendre les retours potentiels. Cependant, il ne suffit pas d'analyser le nombre de locuteurs d'une langue donnée ou les segments d'une population donnée. Les goûts des consommateurs représentent une bien meilleure prise en compte. La popularité de la lecture comme divertissement varie grandement selon le pays, la langue et le segment de la population. Il est donc important de connaître votre marché avant d'investir du temps et de l'argent pour la traduction. Bien qu'il existe d'énormes opportunités, vous risquez de tomber dans de nombreux pièges si vous ne faites pas les bons choix.

    La bonne nouvelle est qu'il est très facile d'évaluer les zones de croissance potentielles une fois que vous savez où et comment chercher. Ce livre contient tout ce qu'il vous faut pour le faire. Il n'a jamais existé meilleur moment pour un auteur ni une meilleure période pour faire traduire vos livres dans d'autres langues.

3

PANORAMA DES MARCHÉS MONDIAUX DE LA TRADUCTION

Les opportunités de traduction varient grandement selon la langue, le pays et le genre littéraire. La maturité du marché joue aussi un rôle important. Par exemple, l'adoption du livre numérique sur les marchés anglophones des États-Unis et du Royaume-Uni sont beaucoup plus mûrs que ceux d'autres langues et d'autres pays où la vente des livres électroniques décolle à peine.

La popularité de la lecture comme passe-temps varie beaucoup également. Par exemple, la lecture n'est pas aussi populaire dans les pays arabes, particulièrement dans ceux où le taux d'alphabétisation est bas. Les lecteurs indiens, eux, préfèrent largement les livres de non-fiction aux romans. Il existe aussi de nombreux pays qui ont des goûts plus ou moins conservateurs ou progressistes qui dicteront le succès ou l'échec d'un certain genre.

Cela signifie que vous devez étudier avec soin les marchés en fonction de la langue et du pays, et fixer vos objectifs de traduction selon ces données. Prenons le cas de l'Allemagne qui est considéré comme le deuxième plus grand marché après les États-Unis en matière linguistique.

Quels genres de livres se vendent le mieux en Allemagne ? Un coup d'œil à la liste des 100 premiers livres vendus sur Amazon.de montre que le roman sentimental domine, suivi du roman à suspense. Il s'agit seulement d'une tendance enregistrée à un certain moment donné, or les choses changent constamment. Cette information vous donne toutefois la possibilité de vérifier que vos livres appartiennent aux genres les plus appréciés par les lecteurs allemands.

Si vous écrivez sur un sujet plus spécialisé comme la guerre civile américaine, vos attentes doivent être beaucoup plus élevées sur le marché américain que sur un tout autre marché car le sujet y est, à juste titre, plus populaire.

Une fois que vous vous êtes assuré que votre genre trouve sa place sur le marché étranger de votre choix, estimez le potentiel de succès de votre livre par rapport aux autres livres du même genre. Si votre livre ne se vend pas bien dans sa version originale, prenez le temps de bien réfléchir avant de conclure qu'il se vendra bien dans une autre langue. En fait, les résultats pourraient même être pires si le marché est plus petit que le marché d'origine.

Votre livre peut aussi se vendre mieux à l'étranger que sur son marché d'origine. Par exemple, si vous écrivez des livres policiers et que vous repérez un marché danois mal desservi dans ce genre, vos livres traduits pourraient avoir un avantage compétitif en se distinguant sur ce marché spécialisé.

Il est important que vous fassiez des choix après vous être longuement informé afin de faire le meilleur usage de votre temps et de votre argent ainsi que ceux du traducteur. Même si le traducteur fera la majeure partie du travail, il s'attendra, à juste titre, à voir optimisé le temps qu'il a investi, surtout s'il travaille sur la base d'un partage des royalties. Quant à vous, l'auteur, vous passerez du temps à trouver un bon traducteur, à formater et à publier le livre, à créer de nouvelles couvertures et à promouvoir la version traduite du livre. Vous devez le plus possible augmenter vos chances de succès et la première chose à prendre en compte est la liste des marchés potentiels sur lesquels votre livre sera vendu.

Comment évaluer des marchés potentiels

La méthode que j'utilise est de commencer avec les plus grands marchés et d'évaluer quels genres se vendent le mieux. Si mon genre en fait partie, je me concentre alors sur les détails incluant le sous-genre sur les plateformes du pays donné et qui contiennent les meilleures ventes. Notez que la boutique la plus populaire n'est souvent pas Amazon dans les pays autres que les États-Unis et le Royaume-Uni. De plus, les genres les plus populaires peuvent varier grandement selon la plateforme de vente.

Je prends en compte les marchés en fonction du pays et non de la langue. Par exemple, les États-Unis et le Royaume-Uni partagent la même langue mais ils ont des goûts plutôt différents en matière de genre littéraire. L'Espagne et le Mexique ne partagent pas forcément les mêmes goûts littéraires et se différencient aussi très clairement en matière de traduction et d'établissement des prix. Un livre disponible dans une langue donnée peut être rentable dans un pays mais pas nécessairement dans un autre.

Cette analyse comparative ne prend pas autant de temps que l'on pourrait l'imaginer. Toutefois, passer un peu de temps à étudier chaque marché vous sera bénéfique plus tard lorsque vous chercherez quelles traductions privilégier et à quel endroit.

À l'heure actuelle, les marchés sur lesquels les livres se vendent le plus sont les États-Unis, la Chine, l'Allemagne, le Japon, le Royaume-Uni et la France. Il y a également d'autres pays où la vente de livres numériques s'accroît rapidement. C'est le cas de l'Italie. De plus petits marchés peuvent être très attractifs du fait de prix plus élevés et d'une concurrence plus faible. Par exemple, les lecteurs néerlandais sont habitués à acheter des livres numériques à des prix un peu plus élevés que ceux qui sont pratiqués aux États-Unis. Les Pays-Bas représentent en effet un plus petit marché avec des choix moins nombreux.

Certains marchés comme la Chine sont énormes mais les prix sont beaucoup moins élevés que ceux pratiqués aux États-Unis (généralement, autour de 20 %). Il existe aussi des barrières importantes et des points d'entrée limités sur ce marché pour un auteur indépendant. Toutefois, en Chine, ce qui est perdu au niveau des prix peut être largement compensé par le bon livre fourni en plusieurs exemplaires.

Vous devrez choisir des marchés ayant de bons canaux de distribution disponibles immédiatement pour vendre vos livres. Il n'y a aucun intérêt à traduire un livre pour un grand marché si vous n'avez pas la possibilité d'atteindre les lecteurs. J'aimerais faire traduire tous mes livres dans toutes les langues possibles mais je sais que ce n'est ni pratique ni financièrement viable.

Chaque marché présente des opportunités uniques mais aussi des pièges. Les marchés mûrs (ceux qui ont le plus adopté la lecture de livres numériques) ont généralement les prix les plus bas, la concurrence la plus forte et le potentiel de croissance le plus faible. Pénétrer trop tôt un marché moins mûr signifie peut-être moins de concurrence et moins de sensiblité aux prix mais la croissance peut être lente ou alors elle pourrait ne pas se produire comme prévu. Il existe toujours le risque qu'un petit marché ne grandisse pas du tout.

D'un autre côté, une concurrence plus faible donne une meilleure visibilité, ce qui facilite la constitution d'un lectorat. Des marchés plus petits peuvent généralement supporter des prix plus élevés, une chose à côté de laquelle les auteurs passent souvent lorsqu'ils évaluent leurs droits étrangers. Par ailleurs, certains grands marchés ont un nombre restreint de lecteurs du fait de la culture, du pouvoir d'achat limité et des choix opposés en matière de divertissement. Je ne rentrerai pas dans les détails ici étant donné que les choses changent constamment. Je partagerai plutôt ma méthode pour choisir et classer par ordre d'importance les langues dans lesquelles vos livres doivent être traduits.

Choisir les marchés à pénétrer

La plupart des auteurs visent les grands marchés et leur donnent la priorité pour la traduction sans tenir compte des marchés plus petits qui pourraient en fait apporter de meilleurs bénéfices. De nombreux auteurs anglophones considèrent par exemple l'Allemagne comme le marché le plus lucratif pour leurs livres.

J'ai une approche un petit peu différente. Je mets davantage l'accent sur des marchés pratiquant des prix élevés et ayant une concurrence faible car je sens que cela me donne de plus grandes chances de réussir et un potentiel plus élevé d'obtenir des gains à long terme. Vos résultats pourraient varier mais le fait est qu'il est important de prendre en compte plusieurs variables plutôt que de ne voir que la taille du marché. Il faut bien s'informer afin de faire des choix logiques, bien raisonnés, fondés sur les informations que vous avez à disposition à un moment donné.

Le marché américain est toujours le meilleur marché où il faut être présent et qui représente le meilleur choix d'un point de vue rentabilité, malgré les prix de vente bas et un taux de croissance qui a stagné. Toutefois, cela va-t-il durer ?

De nombreux auteurs de premier plan trouvent que leurs livres restent en tête des classements pour des périodes plus courtes et qu'ils doivent fixer des prix plus bas pour leur garantir des volumes de ventes identiques à ceux obtenus un an auparavant. Dans l'ensemble, le marché anglophone mûrit et regorge de livres car il est plus facile que jamais de publier. Il y a aussi beaucoup d'autres marchés lucratifs qui méritent d'être explorés.

Qu'en est-il des immenses marchés non explorés comme la Chine ? Il existe de nombreux marchés mal desservis qui pourraient devenir encore plus rentables dans les années à venir. Par conséquent, les auteurs qui réussiront le mieux seront ceux qui pénétreront un marché suffisamment tôt. Bien entendu, faire face à autant d'inconnus comporte toujours des risques. C'est pour cela que j'ai développé des critères pour m'aider à évaluer les risques et les avantages de chaque marché.

J'étudie d'abord les marchés en tenant compte de la langue puis du pays qui domine un marché donné. Une fois identifiés les marchés sur lesquels les livres dans mon genre littéraire sont généralement populaires, je tiens compte d'autres facteurs.

Critères d'évaluation d'un marché

Mon marché idéal présente les caractéristiques suivantes :

HP (« High prices ») **Prix élevés** : les livres déterminent les prix de vente

HG (« High growth ») **Croissance élevée** : la lecture est une activité répandue, stable et qui grandit en popularité

LC (« Low competition ») **Concurrence faible** : un nombre peu élevé de livres pour satisfaire la demande

LM (« Large Market ») **Marché important** : un grand marché potentiel pour trouver de nouveaux lecteurs

Genre : je confirme que le genre et le sous-genre appartiennent aux catégories les plus populaires dans cette langue, sur ce marché et sur la plus grande plateforme de vente de ce pays.

Un livre qui possède au moins trois de ces critères a un bon potentiel. Il est difficile de trouver des marchés possédant toutes ces caractéristiques. Si vous en trouvez un, alors considérez ce marché comme valant la peine d'être exploré. Il faut aussi noter qu'un grand marché n'ayant aucun de ces facteurs peut quand même être une bonne chose mais vous allez probablement vous trouver en concurrence en matière de prix et devoir pratiquer des prix bas. Votre démarche occasionnera aussi probablement des coûts publicitaires plus élevés pour vous rendre plus visible car le marché sera plus concurrentiel.

Voici quelques exemples que j'ai trouvés.

Le chinois

Croissance élevée
    Concurrence faible
    Marché important
    <u>Genres populaires</u> : romans d'amour, romans à suspense
    <u>Boutiques en ligne populaires</u> : Baidu, Douban, Amazon.cn, Overdrive

Le chinois représente un énorme marché avec un taux de croissance très élevé. Il est potentiellement plus grand que le marché anglophone mais il y a des restrictions et une censure contre certains types de livres, en particulier ceux contenant des sujets politiques qui pourraient être considérés comme critiques envers l'État chinois. Le marché chinois est plus conservateur que le marché américain en ce qui concerne les romans d'amour. De nombreux romans d'amour seront considérés trop épicés pour les censeurs chinois. Des livres sur les sujets historiques ou politiques sensibles ne seraient pas non plus acceptables.

Les prix sont beaucoup moins élevés qu'aux États-Unis, représentant généralement $1/5^e$ environ des prix qui y sont pratiqués. Ces prix sont contrebalancés par un volume de livres plus important.

Deux types de traductions chinoises existent : la version

simplifiée (Chine) et la version traditionnelle (Hong Kong et Taïwan). Vous devez faire les deux. Il est difficile voire impossible de distribuer et de vendre des traductions chinoises en Chine parce que le gouvernement chinois a émis des ISBN qui ne sont attribués qu'aux maisons d'édition chinoises renommées.

Si vous vous trouvez en dehors de la Chine, vous devez trouver une solution de traduction qui offre à la fois la traduction et la distribution si vous voulez atteindre la majorité des lecteurs chinois, c'est-à-dire ceux qui se trouvent en Chine continentale. Je m'attends à ce que ces choix s'accroissent durant la prochaine année et je compte discuter des options existantes dans la partie consacrée aux plateformes de vente plus loin dans le livre. Récemment, Kobo a ajouté une distribution en Taïwan. Cela signifie que de nouveaux canaux s'ouvrent sur ce petit marché.

Le néerlandais

Croissance élevée
  Prix élevés
  Concurrence faible
  Genres populaires : romans d'amour, romans à suspense
  Boutiques en ligne populaires : Bol.com, Kobobooks.com

Amazon possède une boutique aux Pays-Bas mais celle-ci n'est pas aussi populaire que Bol.com. Dans ce pays, le marché est petit mais le pourcentage de la population qui lit est assez élevé. Par ailleurs, le nombre de locuteurs natifs néerlandais est d'environ 25 millions. Pourtant, le nombre de livres traduits en néerlandais n'est pas aussi élevé que dans les autres langues. De plus, les lecteurs sont habitués à payer plus cher pour les livres.

Kobo vient aussi de lancer Kobo Plus aux Pays-Bas et en Belgique. Il s'agit d'un service d'abonnement à des livres numériques pour 10 euros par mois. La Belgique possède deux grandes langues : le néerlandais (un dialecte flamand plus exactement) et le français. Kobo Plus est un service d'abonnement illimité dérivé de Kobo. Je m'attends à ce qu'il réponde à plus de demandes concernant la traduction de livres numériques.

Le flamand (le dialecte néerlandais parlé en Belgique) tend à être un peu plus formel que le néerlandais parlé aux Pays-Bas. Étant donné que la majorité des locuteurs néerlandophones résident aux Pays-Bas, j'ai opté pour un traducteur originaire des Pays-Bas.

Le français

Prix élevés

Concurrence faible

<u>Genres populaires</u> : romans à suspense, romans d'amour

<u>Boutiques en ligne populaires</u> : Fnac.fr, Amazon.fr, Kobobooks.com

Les Français aiment leurs librairies mais après des débuts plutôt lents, les livres numériques commencent à trouver un public. Il s'agit d'un marché plutôt grand mais qui croît lentement. Les livres numériques commencent seulement à être appréciés par les voyageurs du quotidien. C'est un marché que vous pouvez toujours pénétrer assez tôt pour vous faire connaître. Je pense qu'il présente un très bon potentiel à long terme.

Les locuteurs francophones vivent majoritairement en Europe (environ 40 %). Le Canada arrive loin derrière en seconde position. Le français est aussi une seconde langue très courante dans plusieurs parties du monde, y compris les anciennes colonies françaises situées particulièrement en Afrique.

Cependant, je préfère les traducteurs originaires de France simplement parce que je trouve que leurs traductions sont plus universellement acceptées. Les livres les plus vendus sont souvent traduits en français européen et en français canadien car ces deux variétés représentent des marchés de taille importante mais ces dialectes sont assez différents. Le dialecte canadien n'est pas ce que les lecteurs francophones européens veulent lire et vice versa mais, étant donné que la majorité des locuteurs natifs sont européens, la version européenne tend à être plus largement acceptée ailleurs. Bien évidemment, il existe encore plus de variations du français autour du monde mais celles qui sont présentées ici sont les plus courantes.

L'allemand

Croissance élevée
   Marché important
   Genres populaires : romans d'amour, science-fiction/fantastique, polars
   Boutiques en ligne populaires : Amazon.de, Tolino alliance (Thalia, Weltbild, Hugendubel, Buch.de, club.de, ebook.de, etc.)

La majorité des locuteurs germanophones résident en Allemagne. Les autres résident en Autriche, Suisse, etc. Même s'il existe moins de variations régionales en allemand comparé aux autres langues, j'ai choisi des traducteurs installés en Allemagne. Une mise en garde néanmoins : si vous engagez directement des traducteurs indépendants qui se trouvent en Allemagne, soyez conscient que selon la loi allemande, le traducteur, et non l'auteur, possède les droits du livre traduit. Cela peut avoir un impact important étant donné que le détenteur des droits possèdera aussi ceux du livre audio et des produits dérivés du livre traduit, et que cette personne ne sera pas vous.

Une façon de contourner cette réalité est d'établir un contrat pour une œuvre commandée dans lequel le traducteur accepte d'attribuer ses droits à l'auteur, vous (contrat appelé « work for hire » aux États-Unis). En ce qui concerne les contrats légaux, il est préférable d'obtenir des conseils juridiques si vous traitez directement avec un traducteur allemand. La loi allemande pourrait même remplacer les conditions de votre contrat en fonction de la juridiction liée à ce contrat. Étant donné que les lois varient et peuvent changer à n'importe quel moment, j'évite des risques potentiels liés à cet arrangement en utilisant une plateforme tierce comme Babelcube qui fonctionne sur la base d'un contrat pour une œuvre commandée avec le traducteur et qui possède un mécanisme de résolution des conflits contractuels. Je parlerai davantage de Babelcube plus loin dans ce livre.

L'italien

Croissance élevée
   Prix élevés
   Concurrence faible
   <u>Genres populaires</u> : romans d'amour et encore plus de romans d'amour !
   <u>Boutiques en ligne populaires</u> : Amazon.it, Mondadori.it

L'italien représente un marché modeste mais en pleine croissance avec un fort intérêt pour les livres numériques et des prix raisonnablement élevés. En Italie, la lecture est très populaire, même si le marché est petit. Les librairies, les canaux de distribution et les blogueurs littéraires y sont nombreux.

Il y a aussi de nombreux traducteurs talentueux. Vous pouvez donc trouver un excellent traducteur italien qui vous facturera son travail à un prix raisonnable. En ce moment, l'Italie représente l'un de mes marchés préférés car la concurrence y est faible.

Si je devais choisir un marché sur lequel commencer aujourd'hui, je choisirais l'Italie.

Le portugais

Marché important
<u>Genres populaires</u> : romans d'amour, livres de non-fiction
<u>Boutiques en ligne populaires</u> : Livararia Cultura, Amazon.com.br, Apple iBooks, Google Play

La majorité des locuteurs lusophones sont originaires du Brésil, suivi du Portugal loin derrière. Le marché du livre numérique croît au Brésil mais il inclut une proportion élevée de téléchargements gratuits et de prix bas. Cependant, avec un marché aussi immense et un nombre aussi élevé de bons traducteurs disponibles, c'est une zone que vous ne devriez pas ignorer. Je prédis qu'elle évoluera comme le marché américain, avec des prix bas et une forte concurrence.

Le Brésil possède un secteur de l'édition très développé. Actuellement, l'économie de ce pays connaît un ralentissement, ce qui signifie que de nombreux traducteurs qualifiés sont disponibles pour un travail en *freelance*.

Je préfère travailler avec un locuteur natif originaire du Brésil à cause de la taille de ce marché.

L'espagnol

Marché important
<u>Genres populaires</u> : romans d'amour, fiction historique, romans fantastiques
<u>Boutiques en ligne populaires</u> : Librerias Ghandi (Mexique)

BajaLibros (Amérique du Sud), Amazon.es, Amazon.mx, Amazon.com

Bien que l'espagnol soit la deuxième langue la plus populaire au monde après le chinois en terme du nombre de locuteurs natifs, cette popularité ne se convertit pas en un grand nombre de lecteurs. En effet, la lecture n'est pas l'une des activités de loisirs les plus populaires dans les pays hispanophones. De plus, la piraterie est plutôt élevée dans plusieurs pays sud-américains, ce qui maintient les ventes à un niveau bas. Dans les pays hispanophones (à l'exception de l'Espagne), les revenus tendent aussi à être plus faibles en moyenne qu'en Europe et qu'en Amérique du Nord.

La plupart des lecteurs hispanophones européens acceptent moins les dialectes sud-américains et le dialecte mexicain. Bien qu'il n'y ait pas d'énorme différence de variations entre les dialectes de ces pays, il existe de grandes différences concernant la grammaire, le choix des mots, le degré de formalité et les expressions idiomatiques. Les lecteurs espagnols comprendront parfaitement votre traducteur argentin mais ils concluront probablement que son travail représente une mauvaise traduction plutôt que de se rappeler que son dialecte est différent et ils n'hésiteront pas à le dire lorsqu'ils feront une critique de votre livre.

Voilà donc une exception où le dialecte le plus largement accepté ne vient pas forcément du pays le plus peuplé. L'Espagne compte environ 46 millions d'habitants, cce qui est nettement plus bas que les 122 millions d'habitants qui se trouvent au Mexique. Les dialectes varient également au sein des pays sud-américains et latino-américains. Bien que l'Espagne n'ait que peu d'influence sur ces anciennes colonies dans la vie de tous les jours, en ce qui concerne la littérature, l'influence espagnole semble être la plus universellement acceptée. Un autre détail intéressant : actuellement, le plus grand marché pour les livres numériques traduits en espagnol n'est ni l'Espagne ni le

Mexique, mais les États-Unis, particulièrement sur Amazon.com.

L'anglais

Marché important

<u>Genres populaires</u> : romans d'amour, romans à suspense, romans de science-fiction

<u>Boutiques en ligne populaires</u> : Amazon.com, Amazon.co.uk, Kobobooks.com, Apple, Google Play

Un aperçu :

Mes livres sont écrits en anglais à la base donc je n'ai pas besoin de les traduire en anglais. Je respecte l'orthographe et la grammaire anglo-américaine. Mon conseil aux auteurs non-anglophones qui veulent faire traduire leurs livres en anglais est le même : concentrez-vous sur la préférence du pays le plus peuplé (concernant l'anglais, c'est donc les États-Unis). L'anglais américain est compris par tous les locuteurs anglophones, même s'il y a des variations. Le lecteur américain est très critique et impitoyable. Il pourrait donc laisser des critiques négatives sur votre livre s'il lit de l'anglais britannique ou une autre variation de l'anglais. Parfois, les différences de grammaire et d'orthographe sont, à tort, considérés comme des erreurs. Il n'y a rien de telle qu'une mauvaise critique pour affecter négativement les ventes de votre livre. Je vous recommande donc le plus possible d'utiliser l'anglais américain.

Les États-Unis et le Royaume-Uni possèdent une très grande quantité de livres. Les niveaux des prix sont donc bas à cause de la forte concurrence et du fait de cette grande réserve. Cependant, si votre livre parvient à figurer sur la liste des meilleures ventes, vous pouvez vous démarquer de cette concurrence.

La plupart des livres qui sont publiés de manière traditionnelle et qui sont traduits en anglais ont généralement une version en anglais américain et en anglais britannique, étant donné que le Royaume-Uni représente une part importante du marché anglophone. Les plus « petits » marchés comme le Canada, l'Australie et la Nouvelle-Zélande adoptent la variation britannique.

À ce stade, vous avez probablement remarqué que les romans d'amour semblent être le genre le plus populaire dans tous les pays et dans chaque langue. Les polars et les romans à suspense appartiennent au genre qui arrive en deuxième position. Pour ces genres, assurez-vous également que le sous-genre de votre livre est tout aussi populaire, particulièrement au sein du genre des romans d'amour puisque certains degrés de sensualité ne sont pas acceptés de la même façon partout.

Autres langues

Il y a quelques autres langues que je suis de près mais je ne suis pas encore prêt à faire traduire mes livres dans ces langues pour l'instant. Ces marchés semblent prometteurs mais il est trop tôt pour savoir s'ils en valent la peine ou non. Même s'ils ont du potentiel dans un ou plusieurs domaines, il y a aussi des risques. Toutefois, les choses peuvent changer rapidement et je me tiens prêt à sauter le pas dès que les circonstances le permettront.

Le hindi

Marché important

À première vue, l'Inde représente un marché énorme. Cependant, il existe des problèmes importants dont vous devez être conscients. Bien que l'anglais soit parlé par un grand nombre d'habitants et lu par un nombre assez important d'entre eux, particulièrement par ceux qui ont fait de hautes études, cette langue n'est pas encore accessible à beaucoup d'autres personnes qui ne peuvent pas la lire régulièrement. L'anglais est généralement la seconde langue parlée après le hindi ou l'une des nombreuses autres langues maternelles.

Même lorsque l'anglais est comprise, cela ne signifie pas qu'une personne voudra lire dans sa seconde langue. Il est bien connu que les gens préfèrent lire dans leur première langue. Il y a en effet plus de 22 langues et des milliers de dialectes parlés en Inde. Il s'agit donc d'un très grand marché mais qui est aussi très fragmenté.

Par ailleurs, une grande partie de la population est analphabète et la piraterie est très répandue. Les livres sont chers ou ne sont pas accessibles à la plupart des gens. Ajoutez à cela les prix extrêmement bas et les différents dialectes et le résultat est une faible rentabilité, du moins en hindi.

Concernant l'anglais, c'est une autre histoire. La plupart des parents veulent que leurs enfants apprennent l'anglais pour mettre toutes les chances de leur côté et avoir les meilleures opportunités professionnelles. C'est donc dans cette langue que se trouvent vos meilleures chances d'obtenir vos meilleures ventes. Sachez néanmoins que les livres qui se vendent le mieux en anglais en Inde sont les livres de non-fiction, principalement orientés vers l'éducation et le domaine professionnel.

Les livres numériques sont très accessibles et les Indiens lisent volontiers sur leurs téléphones. Pour le moment du moins, il serait peut-être mieux de vous focaliser sur les stratégies pour établir vos prix et sur l'augmentation des canaux de vente pour vos livres écrits en anglais sur le marché indien plutôt que sur la traduction de vos livres.

Je pense aussi que les livres audio seront de plus en plus populaires (plus que les livres numériques) sur ce marché. Je crois également que les services d'abonnement à des livres numériques seront la principale façon de lire des livres en Inde. Le temps le dira ou non, alors j'attendrai de voir comment les choses vont se passer.

Malgré cela, et quel que soit le format des livres, un plus gros obstacle à la vente de livres en Inde est l'absence de systèmes de paiement. La plupart des Indiens n'utilisent pas de cartes de crédit. Les paiements électroniques sont effectués principalement par l'intermédiaire d'un compte chez leur opérateur de téléphonie mobile. Les choses évoluent bien concernant les systèmes de paiement mais, tant que ces systèmes ne sont pas en place, il est peu probable que l'hindi soit rentable de sitôt.

L'indonésien

Marché important

Le Bahasa Indonesia est la langue officielle de l'Indonésie mais il y existe plus de 300 langues parlées. À première vue, ce pays représente un marché énorme mais il est aussi assez fragmenté. Les revenus disponibles sont également bas. Cette langue est sur ma liste mais elle n'est pas une priorité.

Le japonais

Marché important
   Prix élevés
   Concurrence faible

En ce moment, il n'est pas facile de distribuer et de vendre des livres au Japon autrement que sur Amazon Japon. Je suis donc de près cette langue et l'évolution du marché et j'attends les opportunités. Rakuten, la maison mère de Kobo, est la plus grande boutique en ligne japonaise. Amazon y possède aussi une boutique. Cependant, les défis qui se posent en matière de traduction, c'est de trouver un bon traducteur japonais. Je n'ai pas encore vu beaucoup de traducteurs originaires du Japon. C'est néanmoins un marché qui vaut la peine d'être exploré. Il est donc aussi une priorité sur ma liste.

Le russe

Marché important

Le marché russe a un très grand potentiel mais la piraterie y est répandue et les prix sont bas. À ce stade, je ne vois pas suffisamment de potentiel pour effectuer une traduction en russe mais cela pourrait changer rapidement.

4

OPTIONS DE TRADUCTION

Avant que vous ne commenciez à rechercher des traducteurs, vous devez vous renseigner sur les options de traduction disponibles ainsi que sur les coûts éventuels et les différentes manières d'effectuer le paiement.

La traduction peut être coûteuse, surtout si vous avez de nombreux livres à faire traduire dans une ou plusieurs langues. Certains auteurs n'aiment pas payer avant le début du travail de traduction s'ils ne connaissent pas le marché local. Les autres raisons sont qu'ils n'ont pas l'assurance ou la tolérance au risque qu'implique le fait de demander une traduction dans une langue qu'ils ne comprennent pas.

D'autres préfèrent payer leurs traductions dès le départ afin de garder le contrôle et obtenir le maximum de gains possible.

Vendre ou céder vos droits

Les auteurs qui veulent minimiser les risques choisissent parfois de vendre leurs droits étrangers, même si leurs livres non encore traduits sont publiés de façon indépendante. Pour cet arrangement, vous deviez généralement travailler avec un agent mais les éditeurs étrangers contactent souvent les auteurs directement s'ils sont intéressés par la traduction d'un livre. Comme vous pourriez l'imaginer, les revenus potentiels de l'auteur venant de cette voie seront plus bas si le livre se vend bien mais l'avantage est que l'auteur n'a pas à faire le moindre investissement de départ. Il pourrait même obtenir une avance.

Amazon Crossing est une alternative plus récente. Vous pouvez soumettre vos livres pour qu'il soit étudié. Si votre livre est sélectionné pour une langue donnée, vous n'aurez pas de coût initial et vous gagnerez des royalties tout comme ce serait le cas si vous travailliez avec un éditeur. Les traducteurs d'Amazon Crossing font des offres et reçoivent généralement un paiement fixe plus un petit bonus si un certain seuil de ventes est atteint. Le plus gros avantage au choix de cette voie est la machine à promotion d'Amazon et le placement privilégié dans la boutique d'Amazon.

Les traducteurs d'Amazon Crossing sont généralement bons. Une chose à noter est que ces traducteurs sont aussi des travailleurs indépendants. Vous pouvez donc en contacter un directement si vous voulez travailler avec lui.

L'inconvénient dans ces deux approches est que vous abandonnez tout contrôle et une partie des recettes. L'éditeur a le dernier mot concernant le choix de la couverture et l'image de marque. Vous cédez vos droits d'auteur pour une longue période, souvent la durée de ces droits s'étend au-delà de 70 ans. Toutefois, en comparaison, la durée de conservation des droits sur Amazon est plus court : 10 ans.

L'avantage est que vous avez peu de choses à faire à part signer le contrat.

Gérer le processus de traduction soi-même

Il existe aussi de multiples manières de gérer les traductions vous-même, ce qui est la voie que je préfère. Un investissement en temps initial est nécessaire mais cela en vaut l'effort. Un investissement financier peut aussi être utile selon la méthode choisie. Les méthodes les plus courantes sont :

- Payer au traducteur un tarif fixe calculé par rapport à la quantité de travail (il est souvent exprimé sous la forme d'un tarif par mot).
- Payer des royalties comme pourcentage des gains sur les ventes du livre.
- Un mélange des deux premières approches.

J'AI PRATIQUÉ ces trois approches. Ma préférence varie en fonction des tarifs fixés par le traducteur et de la particularité du marché. C'est une question de jugement car il y a des avantages et des inconvénients à chaque approche et certains de ces aspects positifs et négatifs peuvent être plus importants sur certains marchés plutôt que sur d'autres.

Vous choisirez évidemment l'arrangement qui fonctionne le mieux pour vous mais, quel que soit le tarif ou le montant de royalties que vous fixez, essayez de penser aussi à récompenser le traducteur de la façon la plus juste. Les bons traducteurs sont en effet difficiles à trouver. De plus, tenir compte des intérêts de tout le monde et payer un coût juste est la meilleure façon de developer et de maintenir une relation durable et productive.

De façon plus importante, vous devez inciter le traducteur à faire une bonne traduction et faire en sorte qu'il trouve rentable de travailler à nouveau avec vous sur d'autres livres. Je ne vois pas de meilleure personne à avoir à ses côtés sur un marché étranger. En effet, même si les traducteurs ne sont pas des spécialistes du marketing et de la promotion, ils peuvent vous aider à explorer un marché étranger. La plupart du temps, ils feront la promotion de votre livre sans s'en rendre compte puisqu'ils évoqueront la traduction de votre œuvre dans leur portfolio.

Quelques-uns de mes traducteurs m'ont aidé à être présent dans les bibliothèques de leur pays respectif en approchant ces établissements munis de mes livres. Je ne leur ai jamais suggéré ni demandé de faire cela, c'était leur propre initiative. Je me suis rendu compte que lorsque vous êtes juste dans vos transactions professionnelles, vous obtenez souvent des récompenses inattendues. C'est juste du bon karma.

À ce stade, vous avez probablement compris que les coûts de traduction peuvent monter très vite, surtout si vous avez plusieurs livres. Vous devriez également avoir plusieurs livres traduits et publiés dans chaque langue avant de vous attendre à des résultats importants. Tout comme les livres écrits dans votre langue maternelle, plus vous avez de livres, plus ils pourront avoir de chances d'être feuilletés et découverts. Attendez donc d'avoir deux ou trois livres dans une langue donnée avant que les ventes ne décollent. Une fois que cela arrive, vous obtenez de la visibilité et vos gains augmentent.

Toutefois, plus de livres traduits signifie des dépenses de traduction plus élevés. Il existe évidemment de nombreuses manières de financer vos traductions mais les arrangements suivants représentent les manières les plus courantes de travailler avec un traducteur.

Le tarif fixe

Avec cet arrangement, vous payez l'ensemble des coûts de traduction. Le paiement traditionnel s'effectue en fonction du nombre de mots dans la langue de départ. Le prix par mot varie selon la langue et peut varier en fonction de l'offre et de la demande. S'il y a de nombreux traducteurs mais une quantité insuffisante de travail de traduction, il y a de fortes chances que les tarifs seront plus bas. En revanche, un nombre limité de traducteurs et une forte demande entraînent généralement des prix plus élevés. En général, vous effectuez un dépôt initial et le solde est envoyé au moment de la remise de la traduction finale.

Le coût dépendra du tarif courant lié à une langue donnée au niveau mondial ainsi qu'aux taux de salaires en vigueur dans le pays du traducteur. Au moment de l'écriture de ce livre, les traductions en allemand sont très demandées. Certains des meilleurs traducteurs demandent 10 à 15 centimes d'euros par mot, ce qui équivaut à 8 000-12 000 dollars pour un roman de 80 000 mots. Certains demandent même un pourcentage des royalties en plus de ce tarif.

Une langue populaire avec de nombreux traducteurs en concurrence pour des offres aura des prix plus bas. Certains traducteurs travaillent pour un tarif de 2 centimes par mot. Ce n'est pas une exception mais plutôt la norme. Cela ne signifie pas toutefois qu'une langue moins populaire aura un prix plus bas. En fait, le tarif pourrait être plus élevé parce que peu de traducteurs travaillent avec cette langue.

Bien que les tarifs soient dictés par le marché, il y a toujours des traducteurs qui sont disposés à travailler pour des tarifs plus bas afin d'avoir de l'expérience et s'établir en tant que traducteurs littéraires. Si vous effectuez les démarches nécessaires, vous pourriez trouver un excellent traducteur qui demandera un prix très raisonnable pour son travail.

Dans l'arrangement incluant un tarif fixe, l'auteur porte la responsabilité de tous les risques. Le traducteur est payé une fois qu'il a remis le produit fini, que le livre connaisse le succès ou non. L'auteur ne tire un avantage de son investissement que si le livre est vendu à suffisamment d'exemplaires pour compenser le coût initial. Toutefois, c'est plus facile à dire qu'à faire car il est difficile de vendre et de promouvoir votre livre dans une langue que vous ne parlez pas ni ne comprenez.

Le plus gros avantage à payer un tarif fixe est qu'une fois que vous avez payé le traducteur, il n'y a rien d'autre à faire. Aucune comptabilité laborieuse pour le partage des royalties n'est requise. Le traducteur n'a aucun ressentiment à votre égard si vous baissez le prix du livre, le mettez à disposition gratuitement ou prenez n'importe quelle autre action qui a un impact sur sa part de royalties. Le traducteur est payé quelles que soient les ventes réalisées par le livre. C'est ainsi que de nombreux traducteurs ne travaillent que pour un tarif fixe.

Plusieurs traducteurs parmi les meilleurs travaillent pour la fourchette la plus haute du tarif fixe (comme dans le cas de l'allemand à environ 15 centimes par mot) et veulent en plus un petit pourcentage de 2-5 % sur les ventes. Pour ma part, si je paye autant pour le tarif fixe, je refuse de payer en plus le pourcentage sur les ventes. Je veux absolument éviter les tracas administratifs. De plus, j'estime qu'un prix généreux est plus que suffisant.

Cette méthode de paiement initial est simple et entraîne moins de tracas administratifs puisqu'il n'est pas nécessaire de consulter un partenaire pour fixer les prix et qu'il n'y a pas de relevés de royalties détaillés à établir.

C'est la méthode la plus chère concernant le coût initial mais cela pourrait s'avérer l'option la plus abordable à long terme si les ventes de votre livre décollent vraiment au point d'en faire un best-seller. Renseignez-vous sur les prix de vente dans cette langue et dans ce genre puis évaluez la quantité d'exemplaires que vous devrez vendre pour couvrir vos frais. Ma règle est que si je peux couvrir les dépenses en un ou deux ans, je paye dès le départ.

. . .

Avantages

- La traduction vous appartient immédiatement. Vous êtes libre de la distribuer dans un ou plusieurs canaux de vente sans avoir à consulter le traducteur et sans que cela n'ait le moindre impact sur leurs gains.
- Vous continuez de détenir les droits dérivés exclusifs pour d'autres formats comme les livres audio, les livres de poche ou les adaptations cinématographiques. Vous pouvez donc exploiter immédiatement ces droits et gagner ainsi plus vite de l'argent.
- La flexibilité en matière de prix : vous pourriez choisir, pour des raisons liés au marketing, de mettre votre livre à disposition du public gratuitement ou à un prix très bas. Ce serait toutefois injuste à l'égard de votre traducteur par rapport au partage des royalties.
- Cette méthode élimine le besoin d'effectuer l'enregistrement fastidieux des mouvements financiers liés à l'accord de partage des royalties.
- Elle réduit le risque de conflits judiciaires puisque que le contrat se termine une fois que le livre traduit est envoyé.
- Elle est peut-être l'option la plus abordable pour vous si votre livre se vend bien.
- Votre traduction sera effectuée rapidement puisque le traducteur s'attelle à ce travail en priorité comme une tâche rémunérée plutôt que comme un partage de royalties avec ses incertitudes et ses délais de paiement plus longs.

Inconvénients

- Vous supportez les coûts de la traduction qui peuvent être extrêmement chers et s'accumuler si vous faites traduire plusieurs livres.
- Vous n'êtes pas assuré d'obtenir un retour sur investissement. Le prix des livres peut baisser, les modèles d'abonnement changer et la concurrence augmenter, vous empêchant ainsi de couvrir vos frais.
- Un traducteur au comportement peu éthique peut être moins motivé à offrir un produit de qualité puisqu'il n'y a pas de revenu en jeu une fois le produit final remis. Vous pouvez aussi ne pas être conscient d'éventuels problèmes de qualité ou liés au manque de correction jusqu'à ce que vous receviez des critiques négatives.
- Le traducteur peut ne pas être motivé à vous aider pour le marketing et la promotion du livre sur le marché étranger une fois que vous avez tout payé.

Le partage des royalties

Accord direct avec le traducteur

Un partage des royalties est, pour l'auteur, l'approche la moins risquée en matière de coûts. Elle comporte néanmoins un plus grand risque pour le traducteur qui, généralement, travaille sur un roman à plein temps pendant un ou deux mois, sans garantie de succès ou de paiement. En effet, les traducteurs ne savent pas combien ils vont gagner à terme ou même s'ils vont recevoir des royalties puisque leur tarif représente un pourcentage de la vente des livres. Il s'agit d'un véritable contraste avec la façon dont les traducteurs travaillaient avant. C'est pour cela que tous les traducteurs ne sont pas prêts à travailler en échange d'un partage de royalties.

Traduire un roman est un investissement important en temps pour votre traducteur. C'est donc normal qu'il cherche à obtenir la même quantité d'informations que vous. Il est toujours préférable d'être le plus franc possible avec votre traducteur concernant les estimations de ventes afin qu'il entame son travail avec une vision réaliste de ses gains potentiels et des risques impliqués.

La plupart des gens ont une vision excessivement optimiste du monde de l'édition et des gains obtenus par les auteurs en général. Afin d'éviter les déceptions et les attentes irréalistes, il est bon de fournir à votre traducteur le plus de détails possible sur les ventes actuelles de votre livre ainsi qu'une fourchette large des gains qu'il pourrait s'attendre à obtenir grâce à son travail. Utilisez votre chiffre d'affaires net actuel et les exemplaires vendus en précisant bien que les résultats varient sur un marché étranger.

Le chiffre d'affaires net est particulièrement important étant donné que la plupart des traducteurs n'ont aucune idée du pourcentage du prix catalogue d'un livre qui est véritablement reçu par l'auteur. Bien entendu, fournissez aussi les mises en garde nécessaires mais soyez honnête et direct. Donnez de larges fourchettes de gains afin qu'ils aient au moins une idée de la contrepartie et qu'ils prennent une décision avisée.

Si vous avez un bon traducteur, vous devez établir une relation continue avec lui et lui confier, de préférence, la traduction de tous vos livres dans une série donnée. Il est préférable de donner des estimations de ventes modestes et les dépasser plutôt que de viser haut et de décevoir. Souvent, les mêmes succès de ventes sur le marché anglophone ne se répèteront pas dans d'autres langues et sur d'autres marchés. Le traducteur doit aussi en être conscient.

Avoir une bonne relation avec votre traducteur facilite les choses. Travailler avec un traducteur talentueux sur une série de livres est beaucoup plus facile que de rechercher et d'embaucher un nouveau traducteur pour chacun de vos livres.

Généralement, les traducteurs qui sont prêts à signer des accords de partage de royalties ont déjà un emploi pour payer les factures. Il faut au moins six mois pour traduire un roman à temps partiel. Même dans ce cas-là, il n'y a aucune garantie que le traducteur acceptera de traduire d'autres livres de votre série. Si jamais il accepte, cela prendrait des années pour traduire tous les livres dans la série. Je pense que c'est une bonne idée de garder le plus possible le même traducteur pour travailler sur une série entière. Tout comme l'auteur, le traducteur ajoute sa propre « voix » à la traduction. Vous avez donc tout intérêt à ce que le style soit régulier dans tous les livres d'une série.

Toutefois, la plupart des traducteurs ne choisissent pas ce type d'engagement. Ceux qui y sont favorables cherchent à avoir de l'expérience en matière de traduction littéraire ou alors, s'ils ont déjà de l'expérience, ils cherchent à miser sur un énorme succès de votre livre. Dans ce second cas de figure, l'auteur paie plus pour la traduction que s'il avait fait un paiement initial pour ce travail. De nombreux traducteurs demandent à lire votre livre d'abord afin de l'évaluer. Considérez cela comme un bon signe que vous avez affaire à un traducteur soucieux de faire du bon travail.

Si vous établissez un contrat directement avec votre traducteur, vous devez faire attention aux conditions dudit contrat. Par exemple, une durée raisonnable est 5 ans étant donnée que la plupart des livres rapportent la majeure partie des revenus les deux premières années.

Certains auteurs décident de partager indéfiniment les royalties avec leur traducteur. Je n'aime pas cette approche car je refuse de calculer des royalties sur des dizaines voire des centaines de traductions quand j'aurai 90 ans. Si vous avez pris le soin de choisir le livre, les marchés et le traducteur, ce dernier devrait gagner plusieurs fois ses tarifs sur une période de cinq ans. Si jamais votre livre devenait un best-seller, vous pourriez toujours décider d'offrir un bonus au traducteur.

L'un des inconvénients majeurs d'un partage strict des royalties est que le traducteur ne craint rien s'il dépasse la date prévue pour l'envoi du travail ou s'il décide d'abandonner la traduction en plein milieu du projet. Nombre d'auteurs se sont plaints de ne plus avoir de nouvelles de leur traducteur une fois l'extrait traduit approuvé. Dans ce cas-là, l'auteur peut toujours redémarrer le projet avec un autre traducteur mais, entre-temps, les délais fixés pour la traduction sont décalés sur des mois voire des années. Si vous avez une série à traduire, des retards sur le premier livre peuvent mettre en attente la série toute entière.

Un auteur de science-fiction que je connais avait signé un contrat avec un traducteur allemand talentueux et connu afin que celui-ci traduise son livre, le premier d'une série de sept livres de science-fiction, sur une période de 60 jours. Cette durée avait été proposée par le traducteur et non l'auteur. Malheureusement, cela s'est passé il y a deux ans. Depuis, l'auteur attend toujours la traduction de son livre.

Techniquement, le traducteur n'a pas respecté le contrat. Il a prétendu être à 80 % d'avancement du travail et, puisqu'il s'agissait d'un arrangement sur la base d'un partage de royalties avec un traducteur qu'il ne pouvait pas payer autrement, l'auteur était réticent à agir. Il continue d'espérer l'accomplissement d'un travail qui ne le sera jamais. Je ne sais pas ce que j'aurais fait dans cette situation.

Vous trouverez ci-après un récapitulatif des avantages et inconvénients au fait de négocier directement avec le traducteur.

. . .

Avantages

- Aucun frais initial de traduction pour l'auteur.
- Le traducteur est motivé à fournir un travail de qualité.
- Le traducteur est encouragé à vous aider pour la commercialisation et la promotion du livre sur le marché étranger puisque cette démarche augmente potentiellement ses gains pendant toute la durée de l'arrangement.

Inconvénients

- Moins de flexibilité pour l'établissement des prix comme l'offre permanente de livres gratuits (« perma-free ») ou les remises. Il faut en discuter avec le traducteur ou chercher à se mettre d'accord avec lui.
- La tenue de compte peut être longue et laborieuse puisque vous aurez besoin d'enregistrer les ventes de chaque livre par pays, devise et plateforme.
- Selon le pays, il pourrait y avoir des problèmes concernant les taxes comme la retenue des paiements, des exemptions ou des passifs d'impôts inattendus.
- Vous pourriez vous exposer à des pertes dans la devise étrangère si vous êtes payé dans une devise et que vous devez payer le traducteur dans une autre.
- Le traducteur pourrait connaître des retards dans son travail ou alors ne pas remettre la traduction. Cela a un impact non seulement sur le livre en cours de traduction mais aussi sur les autres livres de la série. Le traducteur n'a aucune motivation à remettre le travail s'il est occupé par une autre tâche.

Vous pouvez toujours adopter une variation de cette méthode en travaillant dans le cadre d'un arrangement de partage de royalties avec le traducteur sur une plateforme de traduction comme Babelcube plutôt que d'être en lien direct avec cette personne. En plus des avantages et des inconvénients cités plus haut, il y a d'autres éléments à prendre en compte si vous décidez d'emprunter cette voie.

Le partage des royalties sur une plateforme de traduction

Tout au long du prochain chapitre, nous allons entrer dans les détails de l'utilisation des plateformes tierces mais, pour l'instant, nous allons analyser ce qu'il faut prendre en compte avant de décider d'emprunter cette voie ou non.

Un élément important avec ces plateformes de traduction est qu'elles s'occupent des tâches administratives. Elles interviennent aussi en votre faveur en cas de non-exécution du travail en rappelant les traducteurs de respecter les dates limites et en s'occupant d'autres problèmes qui y sont reliés comme des conflits concernant la qualité de la traduction elle-même. De tels exemples sont rares mais ils se produisent quand même. Pour ma part, je n'aime pas avoir à m'occuper de ces problèmes donc je considère que cet arrangement représente un énorme plus.

Cet arrangement comporte également des avantages d'un point de vue juridique puisque la plateforme de traduction a un contrat standard avec des conditions qui protègeront les droits de votre propriété intellectuelle comme le cas allemand de la propriété des droits qui a été mentionné plus haut.

C'est exactement ce qu'il se passe dans la version du contrat pour une œuvre commandée offerte par Babelcube. Je pourrais aisément inclure les mêmes conditions dans mes contrats mais, étant donné que je ne suis pas juriste, j'hésite à le faire. Quelle que soit la plateforme que vous utilisez, lisez le contrat avec soin et assurez-vous que tout est formulé clairement afin d'éviter tout malentendu plus tard.

Nous discuterons de plateformes particulières dans le prochain chapitre.

Pour résumer, effectuer une traduction par l'intermédiaire d'une plateforme de traduction est une option attrayante grâce à l'absence d'investissement initial par l'auteur. Le seul risque important est une traduction de mauvaise qualité, ce que vous pouvez éviter en choisissant soigneusement votre traducteur et en évaluant l'extrait traduit.

Avantages

- La plateforme de traduction s'occupe de la tenue de compte, des paiements et des impôts.
- La plateforme de traduction peut intercéder en votre faveur s'il y a des problèmes liés au contrat comme un retard dans l'envoi du produit fini ou la non-exécution du travail.
- Les contrats pour une œuvre commandée protègent vos droits de propriété intellectuelle.
- Une fois le contrat arrivé à échéance, vous obtenez toutes les royalties ultérieures et vous pouvez exploiter vos droits intellectuels.
- Rentabilité élevée et taux de risque faible.

Inconvénients

- La plateforme de traduction touche un pourcentage de revenu net, laissant moins d'argent à partager entre vous et le traducteur.

- Vous ne pouvez pas exploiter vos droits subsidiaires tels que les livres audio basés sur la traduction jusqu'à ce que le contrat arrive à terme.
- Il y a un intermédiaire entre vous et les livres publiés, limitant votre capacité à fixer les prix et les catégories et à utiliser les programmes publicitaires de la plateforme pour promouvoir directement vos livres sur certaines plateformes de vente.

Des plateformes spécifiques seront présentées en détail dans le chapitre suivant.

Un paiement hybride : un tarif fixe et un partage des royalties

Un tarif fixe plus un partage des royalties peut représenter un compromis efficace. Il donne à votre traducteur un montant de base garanti plus une prime si le livre se vend bien. Il encourage le traducteur à promouvoir et à commercialiser le livre pour gagner encore plus d'argent. Si vous voulez que le traducteur vous aide avec la promotion, assurez-vous d'inclure les détails dans le contrat avec des livrables comme traduire la copie de vente, publier des articles, etc.

Un arrangement hybride comme celui-ci peut aussi permettre que les choses fonctionnent toujours bien puisque le travailleur indépendant ne recevra la plus grosse partie de l'argent qu'une fois le livre traduit. Cette somme représente généralement la moitié de celle attribuée dans un arrangement avec un tarif fixe, même si elle peut varier en fonction des dispositions sur lesquelles vous vous mettez d'accord avec le traducteur.

Toutefois, cet arrangement hybride peut être plus compliqué pour vous, l'auteur, parce qu'il comporte toutes les complexités d'un accord de partage de royalties concernant la tenue de compte, sans que vous n'en bénéficiez beaucoup. Un avantage est que cela pourrait attirer des traducteurs plus talentueux et plus expérimentés.

Une variation de cet arrangement est une option proposée par une nouvelle plateforme de traduction. L'auteur peut augmenter la part de royalties prévue pour le traducteur avec une grosse somme d'argent accordée une fois la traduction terminée. Vous en saurez plus sur cette plateforme dans le prochain chapitre.

AVANTAGES

- Vous pouvez attirer des traducteurs plus expérimentés à un coût initial plus bas.
- Vous dépensez moins d'argent initialement.
- Vous incitez encore plus le traducteur à remettre un excellent travail dans les temps puisque ses gains sont liés au respect des délais et de la qualité du produit (si la traduction est mauvaise, le livre traduit ne se vendra pas).

INCONVÉNIENTS

- Moins de flexibilité concernant les prix comme l'offre permanente de livres gratuits ou des remises sans discussion ni accord du traducteur.
- La tenue de compte peut être très longue et laborieuse puisque vous devrez enregistrer les ventes par livre, pays, devise et plateforme.
- Selon le pays, il pourrait y avoir des problèmes liés aux taxes au niveau international comme les

paiements incluant une retenue d'impôt, des exonérations ou des passifs d'impôts inattendus.
- Vous pourriez être exposé à des pertes de devises étrangères si vous êtes payé dans une devise et que vous devez payer votre traducteur dans une autre.
- À moins que cela ne soit spécifiquement autorisé dans le contrat, vous ne pouvez pas exploiter vos droits subsidiaires tels que les livres audio basés sur la traduction jusqu'au terme du contrat.
- Vous pourriez ne pas avoir de retour sur votre investissement initial. Les prix des livres peuvent chuter, les modèles d'abonnement peuvent changer et la concurrence peut augmenter, vous empêchant ainsi de rentrer dans vos frais.

Vendre vos droits étrangers

Il existe une dernière option qui est de vendre vos droits étrangers. Vous pouvez le faire que vous optiez pour l'auto-édition ou que vous travailliez avec un éditeur. Certains auteurs préfèrent cette option car ils pensent que leurs gains liés aux traductions seront minimes et que le faible retour financier ne sera pas à la hauteur de l'énorme investissement en temps.

Il n'y rien de mauvais avec cette approche mais, parfois, elle se transforme en prophétie. Avec cette option, vous devez payer un pourcentage à un agent pour qu'il trouve un éditeur étranger et ce dernier voudra faire des bénéfices. Il est difficile de connaître la somme d'argent que vous pourriez gagner une fois que vous empruntez cette voie. Cependant, vous pouvez constater à quel point les gains peuvent rapidement diminuer quand il y a de nombreuses personnes impliquées !

Il y a toujours des situations où cela a du sens. C'est le cas des marchés que vous ne pouviez pas pénétrer seul, directement ou avec l'aide d'un intermédiaire, ou alors que vous ne trouviez pas assez abordable ou trop exigeant en matière de temps.

Les marchés sont de plus en plus faciles à pénétrer car les barrières tombent régulièrement. Gardez ce constat à l'esprit. Vous ne voulez certainement pas vendre vos droits pour des décennies voire le restant de vos jours et découvrir plus tard que ce qui semblait impossible avant est maintenant non seulement possible mais facile à faire. Si vous avez des doutes, attendez et voyez comment les choses évoluent. Suivre cette évolution est plus facile que de prendre des décisions sur lesquelles vous ne pouvez pas revenir, tout ça pour avoir des regrets plus tard.

Avantages

- Vous n'avez plus rien d'autre à faire que de consacrer plus de temps à l'écriture.
- L'éditeur connaît très bien le marché étranger donc, en théorie, il peut commercialiser le livre mieux que vous ne le pouvez.
- Les éditeurs locaux ont établi des canaux de distribution. Il est plus facile pour eux de donner une vitrine à vos livres traduits et de les introduire dans les librairies et les bibliothèques.
- Aucun frais.

Inconvénients

- Vous perdez tout contrôle de la manière dont les droits sont monétisés (s'ils le sont).

- Il y a peu de chances que les droits vous soient retournés même si le livre ne se vend pas.
- L'accord durera probablement au moins toute votre vie. Il n'y a donc pas de retour en arrière.
- Vous gagnerez moins dans l'ensemble, étant donné que vous devrez partager toutes les recettes avec votre agent, l'éditeur étranger et toutes les autres parties impliquées.
- Vous n'aurez aucun contrôle sur la couverture, l'établissement des prix, la classification par catégorie, la promotion, etc.

À présent que vous avez une vue générale des coûts potentiels des traductions et des différentes manières d'en bénéficier, vous avez probablement les conclusions préliminaires sur la méthode qui fonctionnera le mieux pour vous et pour vos livres. Dans le prochain chapitre, nous verrons où trouver des traducteurs ainsi que certaines des plateformes de traduction tierces les plus populaires.

5
OÙ COMMENCER ET COMMENT ?

Où trouver des traducteurs littéraires ?

Vous pouvez trouver des traducteurs à de nombreux endroits comme des sites de traduction, des sites freelance, grâce aux recommandations des auteurs et sur des plateformes en ligne spécifiquement conçues pour les traductions. Nous verrons comment les évaluer plus loin dans ce livre mais, pour l'instant, commençons par les localiser.

Nous étudierons d'abord les plateformes de traduction. C'est selon moi la manière la plus facile de débuter pour un novice. Ces plateformes fonctionnent comme des sites de rencontres littéraires où auteurs et traducteurs entrent en contact. Pour être plus clair, un traducteur choisit un livre à traduire et fait une offre ou alors vous, l'auteur, choisissez un traducteur et lui demandez s'il serait intéressé par la traduction de votre livre. En échange, vous partagez les recettes avec le traducteur mais aussi avec la plateforme de traduction pour toute la durée du contrat qui est généralement de 5 ans.

Les plateformes de traduction

Les sites de traduction fournissent toutes les fonctionnalités administratives, y compris la publication et la distribution. C'est une source où trouver des traducteurs, des contrats, des méthodes de résolution des conflits, le suivi des ventes et le paiement.

Les royalties nettes reçues sont ensuite partagées entre l'auteur, le traducteur et la plateforme de traduction.

C'est la manière la plus facile de commencer les traductions. L'inconvénient est que vous devrez abandonner une partie de vos gains et vous pourriez aussi perdre le contrôle partiel de l'établissement du prix du livre, de sa distribution, de sa catégorisation et des opportunités promotionnelles.

Les calculs sont faciles à faire : si vous vous attendez à payer plus de frais à la plateforme que vous ne le feriez à un traducteur, alors travailler directement avec un traducteur est la voie que vous devez emprunter. Fixer un prix représente le plus gros problème pour moi car la plupart des plateformes n'autorisent pas l'établissement de prix différents selon la région, du moins, pas encore. C'est un énorme inconvénient étant donné que je veux que le prix de mon livre traduit en espagnol soit plus bas sur le marché mexicain et plus élevé sur les marchés américain et espagnol.

L'établissement des prix a également un impact sur la promotion étant donné que plusieurs revendeurs comme Kobo et Apple veulent des prix finissant par -,99. Dans ces deux boutiques, les vendeurs m'ont expliqué qu'ils ne prennent pas en considération les livres pour des opportunités promotionnelles ou commerciales si le prix catalogue finit par -,74 ou autrement que par -,99.

Actuellement, les plus grandes plateformes de traduction n'ont qu'un champ prévu pour exprimer un prix de vente en dollars américains. Sur les marchés hors des États-Unis, les prix sont simplement les prix américains multipliés par le taux de change étranger. Des prix bizarres finissant autrement que par -,99 sont donc inévitables. Espérons que les plateformes de traduction ajouteront une fonctionnalité pour établir les prix selon les régions pour pallier ce manque. Toutefois, avant que cela ne soit le cas, ce manque peut avoir un impact sur la capacité du public à découvrir votre livre et sur son potentiel de vente sur de nombreux marchés.

Un autre inconvénient est la catégorisation. Chaque vendeur a des catégories qui varient légèrement et je veux que mes livres soient placés dans la catégorie qui leur convient le mieux, avec le moins de concurrence possible afin de leur donner plus de chance d'être découverts. Même le fait de choisir les meilleures catégories pour le grand canal de vente ne garantit pas qu'ils feront toujours partie des mêmes catégories une fois présents chez les différents revendeurs. Je constate que les livres finissent souvent dans des grandes catégories générales comme « romans policiers » plutôt que les sous-catégories ciblées que j'avais choisies.

Les principales plateformes de traduction disponibles aujourd'hui incluent :

Babelcube.com (plateforme basée aux États-Unis)

Fiberead.com (basée en Chine)

Traduzione Libri (basée en Italie)

Elles fonctionnent toutes sur le modèle de base d'un partage des royalties où l'auteur ne paie rien au départ mais renonce à une partie de ces royalties pendant la durée du contrat.

Babelcube

Babelcube.com est la plateforme de traduction basée sur le partage des royalties la plus établie et celle que je vous recommande pour commencer. Cette plateforme est bien conçue et facile à utiliser. Leur durée d'exclusivité est de 5 ans, période après laquelle vous êtes libre de publier vous-même directement votre livre et d'exercer tous les droits dérivés comme la création de livres audio basés sur la traduction.

Les royalties sont divisés entre le traducteur, l'auteur et Babelcube. Les pourcentages varient lorsque les seuils de vente sont atteints. Les premiers seuils de vente sont à l'avantage du traducteur puis à celui de l'auteur qui gagne alors un pourcentage plus élevé une fois que les ventes atteignent un autre palier.

Vous téléchargez d'abord la couverture et la présentation de votre livre puis vous cherchez des traducteurs dans un certain nombre de langues en sélectionnant certains critères et en ajoutant les vôtres avec des termes de recherche. Les traducteurs peuvent aussi chercher des auteurs de la même manière et choisir l'un de vos livres pour le traduire. Ensuite, ils font une offre en envoyant la traduction d'un extrait du livre afin que vous l'évaluiez.

Je recommande vivement de chercher des traducteurs plutôt que d'attendre qu'un traducteur vous fasse une offre. La plupart des bons traducteurs peuvent être indisponibles de 6 mois à un an voire plus mais vous pouvez être placé sur leur liste d'attente s'ils sont intéressés par la traduction de vos livres.

Vous avez le droit de faire une offre par jour et par livre. Les traducteurs vous répondent alors en l'espace de quelques jours mais cela peut aussi prendre des mois ! C'est la raison pour laquelle je recommande d'utiliser une feuille de calcul avec des onglets pour les différentes langues cibles afin d'enregistrer quels traducteurs vous avez contacté et à quelle date. Ce processus peut être confus si vous avez plusieurs livres puisque la seule alternative est d'aller retrouver tous vos messages sur la plateforme, or ces derniers ne sont pas triés par langue.

J'ai développé une stratégie pour privilégier les langues dans lesquelles je voulais que mes les livres soient traduits en premier puis j'ai établi une liste de tous les traducteurs qui remplissaient mes critères. Si vous avez une série et que vous souhaitez qu'un seul traducteur s'en occupe, souvenez-vous que la traduction d'un livre peut mettre au moins 6 mois. Si vous attendez déjà 6 mois pour travailler avec eux, alors cela fait un an d'attente juste pour un livre.

Les traducteurs présents sur Babelcube vont des traducteurs littéraires expérimentés et détenteurs d'un Master aux traducteurs fraîchement diplômés et cherchant à avoir de l'expérience, jusqu'aux chômeurs et retraités bilingues qui veulent tenter quelque chose de nouveau.

Il y a d'excellents traducteurs sur Babelcube mais il y a également de nombreuses personnes qui n'ont pas la moindre expérience en matière de traduction. Cela vaut la peine de prendre le temps de vérifier soigneusement l'expérience et les aptitudes du traducteur avant de vous engager à travailler avec eux. Nous en discuterons davantage dans un prochain chapitre.

Au moment de l'écriture de ce livre, les langues proposées sur Babelcube incluent :

Afrikaans

Néerlandais

Anglais

Français

Allemand

Italien

Japonais

Norvégien

Portugais

Espagnol

Babelcube explique qu'ils ne proposent que les langues pour lesquelles il y a une offre abondante de traducteurs pour répondre à une demande adéquate de la part des auteurs. Mon expérience montre que cela est vrai dans la plupart des cas. Il y a toutefois très peu de traducteurs pour le japonais et le norvégien, et peu voire aucun canal de distribution allant vers les boutiques japonaises ou norvégiennes. J'aimerais voir d'autres langues sur ce site mais je ne les ai pas encore vues.

La plateforme elle-même est facile à utiliser et plutôt bien conçue. Les aspects les moins satisfaisants sont le service client et la vitesse de publication. Les requêtes ne reçoivent pas toujours de réponses, ce qui peut être incroyablement frustrant si vous avez des problèmes.

Babelcube semble souffrir de sa croissance très rapide. Elle n'a, par exemple, que quelques employés qui doivent abattre un énorme travail. Il y a aussi parfois des problèmes technologiques. Les messages entre les auteurs et les traducteurs ne sont souvent pas envoyés. Par ailleurs, la publication des livres traduits peut être très long et il peut y avoir des retards importants sans qu'aucune explication soit donnée. Un livre numérique peut être publié sur Apple et seulement des semaines voire des mois plus tard sur Amazon, par exemple. En tout cas, c'était le cas à la fin de l'année 2016. Je comprends que la plateforme ait eu des problèmes technologiques mais je pense qu'ils sont résolus pour de bon. En tout cas, et comme vous pouvez l'imaginer, cela peut compliquer la promotion d'une nouvelle publication.

Auteurs et traducteurs se plaignent des niveaux de service de Babelcube qui doivent clairement être améliorés s'ils veulent rester compétitifs sur un marché qui voit arriver de nouvelles plateformes de traduction. Babelcube est bien conçu mais sa mise en application est mauvaise. S'ils pouvaient apporter des améliorations du côté de l'exécution, ce serait une excellente chose.

Concernant la traduction elle-même, vous pouvez choisir de travailler avec un seul traducteur ou avec une équipe de deux traducteurs. Je recommande le plus possible de choisir cette seconde option. Cette équipe comprend un traducteur principal et un autre traducteur qui effectue la relecture et la révision. Non seulement cette approche réduit-elle au maximum les erreurs mais elle accroît les chances que la traduction se passe bien.

Si un traducteur n'a pas indiqué dans son profil qu'il travaille au sein d'une équipe, je lui demande toujours s'il veut bien le faire. Cela signifie qu'il devra partager ses gains avec le second traducteur mais ils seront tous les deux bénéficiaires de cette opération. Ils finiront la traduction et la révision plus rapidement. Quant à vous, vous obtiendrez un livre de meilleure qualité.

Babelcube fonctionne sur la base d'un partage des royalties. Les royalties sont octroyées selon une échelle mobile, avec les traducteurs touchant 55 % des recettes nettes pour les premiers 2 000 dollars américains, puis 10 % des recettes nettes pour des ventes supérieures à 8 000 $. La part de l'auteur est de 30 % des premiers 2 000 $, allant jusqu'à 75 % pour les ventes supérieures à 8 000 $ durant une période de 5 ans. Le graphique dans le lien suivant résume ce processus : http://www.babelcube.com/faq/revenue-share (en anglais)

Une chose à noter est que les traducteurs semblent préférer traduire les nouvelles à cause des niveaux des royalties. Toutefois, ce qu'ils ne savent pas c'est que les nouvelles ne se vendent pas aussi bien que les romans, par exemple. C'est pour cela que cette préférence ne fonctionne pas aussi bien en leur faveur qu'ils le pensent.

Comment fonctionne la plateforme :

- Les auteurs téléchargent leurs livres sur la plateforme Babelcube.
- Les auteurs peuvent chercher des traducteurs et les traducteurs peuvent chercher des livres à traduire.
- Les traducteurs font une offre pour traduire un livre en contactant l'auteur et en fournissant un extrait du travail à une certaine date.

- Une fois que l'auteur accepte l'extrait taduit, le traducteur peut travailler sur le document entier et le contrat (basé sur le partage de royalties) prend effet.
- Les traducteurs peuvent travailler seuls ou avec d'autres traducteurs qui s'occupent de la relecture et de la révision.
- Les auteurs sont payés via Paypal (c'est le seul moyen de paiement disponible pour l'instant).

Fiberead

Fiberead.com est une plateforme de traduction chinoise qui traduit en chinois simplifié et en chinois traditionnel et qui offre à l'auteur 30 % des royalties nettes. D'autres langues y seront bientôt proposées. Fiberead représente une opportunité importante pour les auteurs indépendants de voir leurs livres disponibles sur toutes les grandes plateformes en Chine. Il y a toutefois de gros inconvénients, alors soyez particulièrement prudent.

L'un des avantages de Fiberead est que ce site fonctionne moins sur le principe du libre-service que Babelcube. En effet, le site fonctionne plus comme un éditeur car, une fois que vous téléchargez vos livres, tout le reste est supervisé par le chef de projet de Fiberead. Une équipe de traducteurs se voit assigner les tâches de traduction, révision et relecture du livre. Attendez-vous à recevoir de nombreuses questions concernant votre texte car chaque traducteur, réviseur et relecteur aura ses propres questions.

J'ai fait plusieurs traductions avec Fiberead. Le processus est minutieux sur cette plateforme très bien conçue. Fiberead s'occupe aussi de la publication, la distribution et l'établissement des prix. L'auteur n'a plus rien d'autre à faire une fois que le livre est téléchargé sur le site.

Fiberead possède aussi de très bons canaux de distribution vers toutes les grandes boutiques chinoises (celles-ci sont difficiles voire impossibles à pénétrer lorsqu'on se trouve hors de Chine). J'ai néanmoins quelques problèmes avec Fiberead en tant qu'entreprise. Fiberead a récemment changé certaines conditions contractuelles et certaines clauses qui ont été ajoutées sont assez désavantageuses pour l'auteur. Mes livres ont été publiés sous une version antérieure du contrat avant que ces changements n'aient été mis en place. Je ne compte pas traduire d'autres livres sur Fiberead, à moins qu'ils ne changent leur contrat actuel.

Je vous conseille vivement de lire l'accord avec soin et de ne surtout pas poursuivre la collaboration tant que vous n'avez pas totalement compris la langue dans laquelle le contrat est rédigé. Faites particulièrement attention à la clause relative aux droits dérivés qui cède vos droits à Fiberead. Le contrat les autorise à développer d'autres propriétés intellectuelles dérivées issues de votre histoire. En d'autres termes, c'est une véritable main basse sur vos droits.

Sous cette clause, vous leur donnez tout simplement la permission de vendre les films, les jeux et tous les autres droits sans qu'ils aient besoin de solliciter votre contribution ou votre approbation. Certains auteurs sont pleinement conscients de cette clause mais rationalisent en expliquant qu'ils ne pourraient pas monétiser ces droits autrement. Toutefois, vous ne savez pas ce qu'il peut se passer à l'avenir. Il se pourrait que d'autres éditeurs chinois vous offrent de meilleures conditions.

Si votre livre n'est pas populaire, vous n'aurez certainement rien perdu mais si les ventes commencent à augmenter, vous regretterez de n'avoir pas gardé ces droits pour les exercer plus tard. La Chine est un marché énorme et certainement pas l'endroit où vous voudriez faire une erreur.

D'autres clauses sur Fiberead indiquent que l'auteur doit payer les dépenses liées à l'adaptation au format de poche, une démarche qu'ils semblent avoir abandonnée après de nombreuses critiques. Demander à l'auteur de payer pour les dépenses liées à l'impression alors qu'il aura déjà renoncé à près de 70 pour cent de recettes nettes en faveur de Fiberead et des traducteurs de Fiberead est injuste. Leurs conditions ne sont certainement pas compétitives par rapport à d'autres plateformes de traduction mais c'est peut-être dû au fait qu'ils n'ont pas de vrais concurrents pour l'instant.

Malheureusement, plusieurs auteurs se contentent de signer le contrat sans l'avoir lu.

Une autre caractéristique de taille est que Fiberead refuse de donner aux auteurs un exemplaire de la traduction de leur livre sous le format ePub (ou sous un tout autre format) en expliquant qu'ils ne distribuent pas d'exemplaires afin d'éviter la piraterie. Cependant, l'idée qu'un auteur pirate ses propres produits n'a aucun sens. De plus, fournir un exemplaire du produit fini est une pratique commerciale courante. De nombreux auteurs se sont plaints auprès de Fiberead à ce propos, en vain.

Je suis certain que plus de concurrence et de meilleures conditions contractuelles pour les traductions en chinois émergeront dans un futur proche. En attendant, je vous suggérerais de vous retenir de faire des traductions sur le site Fiberead tant qu'ils n'auront pas modifié leurs conditions contractuelles pour les rendre plus commercialement acceptables.

Comment fonctionne la plateforme :

- Les auteurs téléchargent leurs livres sur la plateforme Fiberead.
- Chaque livre est attribué à un chef de projet qui supervise le processus entier de traduction et de publication.
- Les traducteurs font des offres sur les livres. Ils reçoivent une note en fonction de la qualité de

l'extrait qu'ils ont traduit. Si la note est bonne, ils intègrent une équipe de traducteurs, réviseurs et relecteurs.
- Fiberead s'occupe de tout, de la sélection des traducteurs et choix des catégories, en passant pas la publication et l'établissement des prix.
- Les auteurs sont payés par Paypal (le seul moyen de paiement disponible pour l'instant).

Traduzione Libri

Traduzionelibri.it est une toute nouvelle plateforme basée sur le partage des royalties et gérée par l'entreprise italienne Tektime. Contrairement à Babelcube, sur cette plateforme, des langues comme le polonais et l'arabe sont disponibles, du moins pour le moment. C'est une bonne nouvelle, jusqu'à ce que vous vous rendiez compte que plusieurs langues proposées sur Traduzione Libri ne mènent à aucun canal de distribution dans ces langues. Étant donné que vous ne pouvez ni distribuer ni télécharger la traduction nulle part pendant toute la durée du contrat, cette situation tend à rebuter. J'espère que cette limitation sera bientôt supprimée mais pour l'instant, il est difficile de voir les ventes augmenter rapidement.

Cette plateforme offre une plus grande part de royalties initiale au traducteur, contrairement à Babelcube. Il devrait donc être facile de travailler avec des traducteurs sur le modèle de partage des royalties puisque les gains potentiels sont meilleurs. En revanche, cette plateforme fonctionne comme Babelcube concernant la durée du contrat (5 ans).

Cependant, cette plateforme est encore toute jeune, seulement quelques mois au moment où j'écris ce livre. Il n'y a donc pas assez de recul pour connaître ses évolutions. Le site est en italien avec une traduction anglaise (au bas du site) et, bien qu'il soit fonctionnel, il est évident qu'ils travaillent encore sur certains défauts du site. Si on peut trouver des canaux de distribution pour toutes les langues proposées, alors cette plateforme représentera une concurrente bienvenue de Babelcube.

Au moment de l'écriture de ce livre, les langues proposées sur Traduzione Libri incluent :

Espéranto
Afrikaans
Malais
Norvégien
Polonais
Roumain
Russe
Arabe
Cingalais
Slovaque
Suédois
Thaï
Turc
Espagnol
Albanais
Macédoine
Serbe
Croate
Birman
Hongrois
Français
Bulgare
Allemand
Tchèque
Danois
Italien
Néerlandais
Estonien
Finnois

Portugais
Grec
Japonais
Islandais
Indonésien
Chinois

Je suis un peu dubitatif sur la manière et l'endroit où je pourrais monétiser une traduction en espéranto mais on ne sait jamais quand les marchés adéquats s'ouvriront.

Comment fonctionne la plateforme :

- Les auteurs téléchargent leurs livres sur la plateforme Traduzione Libri.
- Les traducteurs proposent de traduire vos livres et vous soumettent une traduction d'un extrait de votre livre afin que vous l'évaluiez.
- Les auteurs peuvent compléter la part de royalties avec un somme fixe optionnelle payable à la remise de la traduction.

Autres sites de traduction

Si vous arrivez à la conclusion que les plateformes de traduction basées sur le partage des royalties ne sont pas faites pour vous et que vous préfèreriez travailler plus directement avec les traducteurs, vous pourrez trouver ces traducteurs à de nombreux endroits. Il est rare mais pas impossible de trouver un traducteur prêt à travailler dans le cadre d'un arrangement basé sur le partage des royalties.

Voici certains sites courants où vous pouvez trouver un traducteur :

Les sites spécialisés dans la traduction

Proz.com

Ce site est spécialisé dans la traduction, qu'elle soit littéraire ou non. Il représente le plus grand réseau mondial de traducteurs et la plupart des traducteurs détenteurs d'une formation généraliste et/ou d'une expérience professionnelle y auront certainement établi un profil. Vous pouvez poster une offre de traduction ou chercher à contacter des traducteurs. Vous pouvez aussi rechercher un traducteur et vérifier son niveau d'expérience et les évaluations données par ses anciens clients. Vous pourriez également y chercher des traducteurs directement en utilisant vos propres critères puisqu'on y trouve leurs sites Internet et d'autres manières de les contacter. C'est aussi un bon endroit pour avoir une idée des taux pratiqués dans chaque langue. Je vous aiderai à établir des critères d'évaluation pour trouver un traducteur dans un autre chapitre. Pour l'instant, passons en revue différents sites et ce qu'ils ont à offrir.

Translator's Café est un autre site similaire à Proz.

Les sites de freelance généraux

Vous pouvez aussi trouver des traducteurs sur des sites freelance comme Upwork (autrefois oDesk-Elance), même si vous devez être conscient que ce site prend généralement une grande part du tarif total. Cela signifie que les traducteurs doivent augmenter leurs tarifs pour pouvoir couvrir les frais ou alors travailler et obtenir moins d'argent. Généralement, les meilleurs traducteurs avec un portfolio présentant une partie de leur travail n'obtiennent pas moins d'argent. Dans certains cas, vous aurez donc intérêt à les embaucher directement, c'est-à-dire en dehors du site.

Ce genre de sites utilisent des système d'évaluation pour le demandeur de service (vous) et le fournisseur (le traducteur) afin de les encourager à agir comme de bons partenaires commerciaux.

Offrir du travail par l'intermédiaire d'un site freelance présente certains avantages similaires à ceux des plateformes de traduction basées sur le partage des royalties. Vous bénéficiez de la présence d'une troisième partie qui s'occupe des paiements et des conflits. Si quelque chose se passe mal, le traducteur a toujours un intérêt certain à remettre son travail comme prévu s'il veut une évaluation positive et d'autres clients sur le site.

Un autre site utilisé par certains auteurs mais que je n'ai jamais utilisé est Fiverr. Je ne recommenderais pas cette option puisque le principe du site est de proposer des petites offres rémunérées 5 $. Vous n'y trouverez pas énormément de traducteurs professionnels, certainement même aucun. Sur ce site, la traduction est plus orientée vers des documents simples comme les lettres plutôt que vers ceux plus complexes comme les romans.

J'ai aussi entendu parler d'auteurs qui trouvent des traducteurs sur Craigslist et souvent à des tarifs favorables. Même si je ne remets pas en question l'utilité de ce site pour trouver des travailleurs freelance dans n'importe quel domaine, je suis plus à l'aise en allant chercher des traducteurs sur des sites spécialisés dans la traduction.

Références et recommandations

Vous pouvez aussi trouver des traducteurs grâce aux références et aux recommandations d'autres auteurs. Gardez juste à l'esprit que chaque personne a des strandards uniques donc l'excellente évaluation donnée pas quelqu'un ne correspond pas forcément aux exigences de quelqu'un d'autre. Rappelez-vous également que de nombreuses personnes évitent de donner de mauvaises références car, même si elles ne sont pas satisfaites du travail d'un traducteur, elles ne veulent pas gâcher ses chances d'attirer d'autres clients. Elles ne veulent peut-être pas non plus être associées à des références négatives.

Toutefois, quelle que soit la qualité de la référence, assurez-vous d'obtenir tout de même un exemple du travail du traducteur. Cet exemple doit avoir été évalué par un autre traducteur professionnel ou, au moins, par un locuteur natif qui aime lire le genre de livres que vous proposez et qui vit ou a vécu récemment et, pendant plusieurs années, dans un pays où la langue cible de la traduction est parlée.

Contrat direct avec le traducteur

Si vous trouvez un bon traducteur littéraire ayant de bonnes références et recommandé par d'autres auteurs, vous pouvez très bien travailler avec lui directement. Peut-être avez-vous déjà travaillé avec lui sur Babelcube ou sur une autre plateforme et souhaitez-vous à présent être en contact avec lui directement et lui confier la prochaine traduction ? J'ai procédé plusieurs fois de cette façon. C'est assez courant de commencer sur une plateforme de traduction. Au fur et à mesure que vous et votre traducteur vous habituez l'un à l'autre, vous pouvez décider de travailler ensemble sur un autre projet en dehors de la plateforme.

Si vous décidez de travailler directement avec un traducteur, vous devez avoir ces deux éléments en place :

- Un contrat avec des conditions similaires spécifiant tous les détails nécessaires, y compris la juridiction du contrat, qui possède les droits (un « work for hire » dans le jargon juridique pour le pays lié au contrat), les conditions du paiement et les dates importantes (jetez un coup d'œil aux contrats de

traduction sur les plateformes de traduction, par exemple).
- Tous les problèmes liés aux impôts (paiements, retenues, déclarations, etc.) sont abordés à la fois pour votre pays et pour celui du traducteur.

Frais, paiements et timing

Vous pouvez décider de payer un tarif fixe, des royalties uniquement, ou un mélange des deux. Étant donné que la tenue de compte peut rapidement devenir onéreuse si vous payez des royalties à plusieurs traducteurs, instaurez un rythme de paiement qui ne dépasse pas un paiement par trimestre.

Assurez-vous aussi que votre contrat mentionne un paiement intervenant à une date *ultérieure* à la date de réception de votre argent. Par exemple, payer un traducteur 30 jours après la date de vente ne fonctionnerait pas très bien puisque Amazon vous paye 60 jours après la fin du mois durant lequel les ventes ont eu lieu. Vous devriez donc payer le traducteur avec de l'argent que vous n'avez pas encore reçu. De plus, tous les frais de traduction augmenteraient vraisemblablement à cause des paiements fréquents plutôt qu'avec quelques paiements plus importants.

Que vous décidiez de payer un tarif fixe ou un tarif par mot, ceux-ci varient beaucoup, alors comparez les tarifs indiqués par le traducteur au tarif demandé pour cette langue sur le marché au moment de votre recherche. En effet, le tarif demandé par le traducteur dépend de la langue, de l'offre et de la demande pour les services de traduction sur ce marché, de l'expérience du traducteur ainsi que des niveaux généraux des salaires dans ce pays. Vous pouvez avoir une idée des tendances en matière de tarifs sur Proz.com.

Généralement, les traducteurs imposent un tarif par mot, ce qui peut aller de 0,02 $ par mot à 0,15 $ ou plus. Pour un roman de 80 000 mots, le tarif sera de 1 600 à 12 000 $ par roman. Cette fourchette est très large et l'investissement est important. C'est la raison pour laquelle je recommande non seulement de vérifier les tarifs en vigueur sur le marché mais aussi d'essayer d'abord l'option du partage de royalties pour avoir une bonne idée de la façon dont les choses fonctionnent.

Même si j'ai commencé par un arrangement basé sur le partage des royalties, nombre de mes traductions ont été effectuées sur la base d'un tarif fixe. Cela dépend vraiment de plusieurs facteurs. Par exemple, s'il y a une forte demande pour des traducteurs littéraires, ceux-ci pourraient avoir beaucoup de travail payé en fonction du nombre de mots et ne souhaiteraient pas forcément travailler sur la base d'un partage de royalties.

Ma préférence est d'effectuer un partage de royalties directement avec le traducteur. Cela permet d'avoir plus d'argent à partager avec le traducteur et me donne plus de contrôle sur le livre concernant, entre autres, l'établissement des prix. Cela incite également le traducteur à s'impliquer de toutes les manières possibles pour faire en sorte que le livre réussisse. Il n'aura pas à faire énormément de choses mais il est plus facile de demander au traducteur d'aider à traduire une copie stratégie quand vous avez une relation continue avec lui grâce aux paiements de royalties.

Faites attention toutefois : un arrangement direct peut présenter de très gros pièges. Si le traducteur remet un mauvais travail ou ne le remet pas du tout, vous avez moins d'options. Un autre inconvénient est la tenue de compte impliquée qui représente un volume important. Vous devrez enregistrer et envoyer les royalties à chaque traducteur, ce qui peut rapidement devenir une lourde tâche si vous avez de nombreux traducteurs.

Enfin, une raison d'envisager un arrangement direct et qui est souvent négligée est si vous voulez placer votre livre dans le programme exclusif d'Amazon, KDP Select. Vous ne pouvez faire cela avec une traduction sur Babelcube ou sur une toute autre plateforme puisque votre livre est distribué automatiquement vers des dizaines de boutiques en dehors d'Amazon et il n'y a aucun moyen de se désengager.

Quel que soit l'arrangement que vous choisissez pour les paiements, ma recommandation est de commencer à une petite échelle et de faire traduire un livre ou une nouvelle avant de vous engager dans une direction en particulier.

6

QUEL EST EXACTEMENT LE RÔLE D'UN TRADUCTEUR ?

Un bon traducteur représente un pont entre deux mondes. Il façonne nos mots dans une autre langue, traduit et transforme notre histoire tout en ne perdant jamais le sens d'origine. Grâce à mes traducteurs et à leur travail, je me sens connecté au monde d'une manière que je n'aurais jamais imaginée avant.

Traduire d'une langue à une autre ressemble à une activité que n'importe quelle personne bilingue peut faire, n'est-ce pas ? En fait, pas tout à fait. Traduire un roman ne se réduit pas à relayer des informations dans une autre langue. Un bon traducteur garde toute la passion dans un roman d'amour et toute la tension dans un roman à suspense en saisissant les mots et la voix de l'auteur ainsi que le style d'écriture spécifique au genre du livre traduit. En réalité, cette activité est bien plus difficile qu'il n'y paraît. Le traducteur commence avec un livre qu'il réécrit dans une autre langue en gardant intacts le style, l'intention et la voix de l'auteur. Le lecteur d'un livre traduit vit cette expérience comme s'il lisait l'histoire dans sa langue d'origine.

Vous avez certainement de nombreux amis qui parlent

couramment anglais mais peu d'entre eux peuvent écrire un livre or, ce que vous recherchez chez un traducteur littéraire, c'est à la fois des capacités linguistiques et un talent d'écriture. Le traducteur n'a donc pas seulement une excellente maîtrise d'au moins deux langues, il comprend aussi la littérature. Ce n'est pas parce que certaines personnes comprennent ce que vous voulez dire que cela garantit qu'elles interpréteront et transmettront vos mots, votre voix et votre émotion de la même manière à un public différent. En effet, la traduction est semblable à plusieurs professions dans le sens où on ne voit souvent que la surface du processus, soit environ 5 % de ce qu'une personne fait et non les 95 % restants.

De nombreux traducteurs lisent d'abord votre livre en intégralité avant même de décider de le traduire. S'ils acceptent ce travail, ils effectuent plusieurs rédactions. La première ébauche permet de tout mettre par écrit. Ils peuvent ensuite faire une pause et laisser « reposer » la traduction. Après cela, ils font plusieurs rédactions avant de terminer le livre. C'est comme l'écriture d'un roman, vous ne trouvez pas ?

En fait, c'est à peu près la même chose, sauf que vous leur avez déjà donné l'intrigue, les personnages et le rythme à respecter. Un bon traducteur garde votre voix et votre style de narration. Certains traducteurs sont tellement bons qu'ils peuvent même remettre une version traduite qui est bien meilleure que la version originale du livre.

De nombreux prix de traduction littéraire récompensent le meilleur livre traduit, c'est le cas du Prix international Man-Booker. Les meilleurs traducteurs sont très recherchés et imposent, à juste titre, des tarifs élevés pour leur travail. Ces professionnels sont probablement hors de portée par rapport à nos budgets mais ils ont bien commencé quelque part. Vous pouvez donc trouver dans ce domaine très spécialisé de bons traducteurs littéraires qui demandent des tarifs raisonnables.

Peut-être l'un d'eux sera-t-il le futur détenteur d'un Prix international Man-Booker.

De nombreux traducteurs expérimentés cherchent à percer dans le domaine littéraire et ils sont prêts à être peu payés le temps d'acquérir un d'expérience dans ce domaine. Il y a également beaucoup de nouveaux traducteurs qui sont probablement des lecteurs avides de votre genre littéraire et cela peut compenser leur manque d'expérience grâce à l'intuition qu'ils ont de ce qui pourrait fonctionner pour votre livre.

De la même façon, choisir le mauvais traducteur peut avoir un impact durable sur votre carrière d'auteur. Une mauvaise traduction est une chose qui pourrait vous coller à la peau pour toujours. Il est donc très important de faire vos recherches. Une mauvaise traduction est un reflet de votre marque en tant qu'auteur et il est ensuite très difficile de s'en détacher. Vous devez donc faire les choses correctement. De plus, un lecteur déçu ne lira pas vos autres livres. Pire, il pourrait déconseiller à d'autres personnes de les lire.

Il faut aussi du temps au traducteur pour produire un travail de qualité. Les traductions sont chères et à juste titre. Elles demandent beaucoup de temps et d'effort. Toutefois, il y a toujours des traducteurs qui cherchent à acquérir de l'expérience dans le domaine grandissant de la traduction littéraire et ils peuvent être flexibles en ce qui concerne la rémunération. Vous pouvez trouver des arrangements qui sont bénéfiques au traducteur et à vous-même.

Cependant, vous devez aussi être franc avec votre traducteur potentiel par rapport aux gains potentiels de votre livre, surtout si vous prévoyez de travailler avec lui dans le cadre d'un arrangement basé sur le partage de royalties. Les ventes à l'unité peuvent être trompeuses, surtout s'il s'agit de téléchargements gratuits ou d'exemplaires vendus à 0,99 euro. Essayez de donner au traducteur une estimation des gains obtenus dans votre langue source (dans mon cas, l'anglais) et laissez-le utiliser cette information comme point de départ pour une comparaison.

De nombreuses personnes, y compris les traducteurs, partent du principe que les best-sellers vont forcément bien se vendre dans d'autres langues. Cela augmente certainement les chances de ventes mais il n'y a pas de garantie. Même si les livres populaires rapportent des revenus élevés, cela n'arrive pas toujours dans une courte période de temps. Vous pouvez fournir des estimations larges pour vos attentes mais surtout soyez direct avec votre traducteur par rapport à ce à quoi il doit s'attendre concernant les gains et le *timing*.

De plus et, cela va sans dire, les ventes dépendent de la qualité de la traduction elle-même.

Une fois que vous avez trouvé un bon traducteur, vous devez établir un partenariat à long terme et travailler avec lui sur vos futurs livres. Par ailleurs, il est important que vous assuriez de bons canaux de communication avec le traducteur. Un manque de communication peut être le signe que tout ne se passe pas bien.

J'ai vécu une première mauvaise expérience avec une traductrice qui m'avait transmis un très bon extrait de traduction dans un premier temps. Je me suis donc lancé et j'ai signé un contrat avec elle mais elle n'a pas respecté de nombreuses dates limite et n'a pas répondu à mes messages pendant plusieurs mois. Lorsqu'elle a fini par répondre, elle a donné toutes sortes d'excuses qui n'ont pas fait progresser les choses. Bien que j'ai essayé d'être souple, je me suis senti mal à l'aise par rapport au manque de communication et aux réponses évasives.

Je n'ai rien contre de petits retards. Je comprends bien que la plupart des traducteurs ont un emploi dans la journée et que des contretemps peuvent arriver. La chose la plus importante pour moi est que la traduction soit de qualité et ne soit pas faite dans la précipitation. Toutefois, cette traductrice m'a trompé, alors j'ai commencé à me poser des questions sur la traduction elle-même.

J'ai tout fait correctement en ce qui concerne la vérification du parcours et des évaluations de la traductrice. J'ai même reçu des références de la part d'autres auteurs ayant travaillé avec elle. Cette traductrice était munie de fortes recommandations données par un auteur pour lequel elle avait traduit plusieurs livres. J'étais donc disposé à comprendre ses circonstances.

Cependant, les mois sont passés et les dates limites ont été dépassés à plusieurs reprises. Mon intuition me faisait savoir que la traduction ne se ferait pas. J'avais épuisé toutes mes options, mise à part la rupture du contrat. Je ne voulais pas aller jusque là, alors j'ai demandé à la traductrice de m'envoyer le texte qu'elle avait déjà traduit. Après de multiples excuses et retards, elle a fini par le faire. J'ai été choqué de découvrir qu'elle avait utilisé Google Translate pour le reste du livre, chose qui aurait immédiatement entraîné l'octroi de plusieurs évaluations à une étoile et de nombreux lecteurs en colère.

Jusqu'à présent, je ne comprends pas pourquoi cette traductrice a agi de cette façon. Après tout, elle prenait le risque de pâtir autant que moi d'une mauvaise traduction puisque nous étions liés par un contrat de 5 ans basé sur le partage des royalties. Bien évidemment, j'aurais perdu bien plus dans cette histoire étant donné que mes droits auraient été liés à son travail pendant 5 ans. Non seulement aurais-je perdu des lecteurs mais j'aurais été dans l'incapacité de faire publier mon livre ailleurs pendant toute la durée de ce contrat. Ma réputation en tant qu'auteur aurait été ternie dans la langue utilisée pour la traduction et le livre aurait reçu de mauvaises critiques. Heureusement, j'ai pu mettre un terme au contrat sans avoir à entamer des poursuites judiciaires. Bien que j'aie été tout à fait en droit de le faire, j'ai préféré investir mon temps et mon énergie ailleurs en écrivant un nouveau livre.

J'ai appris une leçon importante : les choses peuvent mal se passer même si une personne est vivement recommandée. De plus, c'est toujours une mauvaise idée d'aller à l'encontre de son intuition. Pour je ne sais quelle raison, cette traductrice n'a pas fixé le même objectif de qualité pour mon livre que pour celui de l'auteur qui l'a recommandée. Les résultats passés ne se reproduisent pas forcément plus tard, alors assurez-vous de toujours obtenir des évaluations indépendantes des extraits de traduction, sans tenir compte des recommandations élogieuses.

Dans le chapitre suivant, nous verrons comment choisir et évaluer un traducteur afin que vous évitiez de faire la même erreur que moi.

7

COMMENT CHOISIR ET ÉVALUER UN TRADUCTEUR

Suivre quelques lignes directrices simples peut rapidement vous aider à affiner vos choix autour des personnes les plus qualifiées et vous permettre de commencer le processus de traduction.

La communication est essentielle

Il est vital d'établir de bons rapports avec votre traducteur. Après tout, leur interprétation respectera ou nuira à votre histoire. En plus de ses compétences techniques et de sa façon de travailler, vous devez avoir une communication ouverte et honnête avec lui et vous mettre d'accord sur la fréquence et le type de messages que vous échangerez tout au long du processus. Souhaitez-vous travailler avec quelqu'un qui vous contactera régulièrement pour vous poser des questions ou une personne qui travaillera sur l'ensemble du projet de manière autonome ? Il n'y a pas de bonne ou de mauvaise réponse mais vous pouvez éviter des malentendus si vous avez tous les deux, dès le début, les mêmes attentes sur le processus de traduction.

Locuteur natif

Comme je l'ai mentionné plus haut, les traducteurs parlent de « langue cible » pour faire référence à la langue dans laquelle ils traduisent. La « langue source » est la langue dans laquelle vous avez écrit votre livre.

Il est évident que le traducteur doit comprendre parfaitement la langue source. De manière idéale, la langue cible est sa langue maternelle (certains traducteurs peuvent traduire dans une langue qui n'est pas la leur mais cela reste une exception). Le traducteur doit aussi résider ou avoir résidé ces cinq à dix dernières années dans un pays parlant la langue cible. Les langues changent constamment et des expressions naissent ou se démodent. Vous ne voulez certainement pas que votre livre contienne une prose dépassée parce que le traducteur n'a pas mis les pieds depuis 30 ans dans un pays où l'on parle la langue cible.

Faites également attention à un traducteur qui énumère une liste de langues dont il aurait la maîtrise. Même s'il possède une grande maîtrise de ces langues, il y a probablement une ou deux d'entre elles qui sortent suffisamment du lot pour qu'il les utilise pour obtenir une bonne traduction littéraire.

Locuteurs natifs / locuteurs non natifs

Vous connaissez probablement des gens qui parlent couramment votre langue alors que ce n'est pas leur première langue. Vous avez donc probablement aussi remarqué qu'ils ne connaissent pas forcément ou n'utilisent pas couramment les expressions idiomatiques. Cela ne pose pas de problème dans la vie de tous les jours ou dans le monde professionnel mais la littérature utilise un langage plus sophistiqué que seul un locuteur natif peut comprendre.

Je n'insinue pas qu'il est impossible de trouver des traducteurs ayant l'allemand comme deuxième langue, par exemple, et qui soient capables de faire une excellente traduction. Toutefois, ils ne sont pas nombreux. Généralement, les exceptions sont ces personnes qui ont grandi dans un environnement bilingue (maison, école). Vous pouvez bien sûr travailler avec un locuteur non natif mais vous devrez apporter une attention supplémentaire au fait que la compréhension de la langue soit très bien maîtrisée. Pour ma part, je ne possède pas les compétences pour effectuer ce genre d'évaluation, alors je ne recherche que des locuteurs natifs.

C'est particulièrement vrai concernant la fiction. En plus de traduire votre histoire dans une autre langue, le traducteur saisit également l'essence et le ton de l'histoire, ainsi que le rythme et le genre. Si vous écrivez des romans d'amour, trouvez un traducteur qui a l'habitude de ce genre de littérature. Il vous faut un traducteur qui saisisse non seulement les mots mais aussi le parcours émotionnel et la tension amoureuse entre les personnages. De façon idéale, il devrait être un lecteur avide de ce genre pour pouvoir apprécier le choix des mots, le rythme, le ton, et répliquer ces aspects dans son choix de mots et de syntaxe. Le traducteur doit saisir parfaitement votre histoire. Votre objectif doit être que les lecteurs germanophones, par exemple, lisant la traduction allemande de votre livre, vivent la même expérience agréable que les lecteurs francophones lisant la version originale en français.

Les compétences techniques

Les compétences des traducteurs varient grandement selon les pays. Certains proposent des certifications standard et des tests et de nombreux autres pays offrent des diplômes universitaires supérieurs en traduction. Je cherche généralement un traducteur qui possède un Master en traduction littéraire ou son équivalent.

La traduction littéraire est un art qui requiert la même touche créative que l'écriture d'un livre. J'imagine même que cet exercice est bien plus difficile qu'écrire un livre à de nombreux égards car un traducteur doit recréer le monde de l'auteur en restant dans les limites établies par ce dernier. Le livre traduit doit véhiculer la même émotion dans la culture et la langue étrangères. Le traducteur sert donc de pont entre deux mondes.

J'estime que les certifications représentent un bon point de départ mais tout comme il existe de nombreux types d'écrivains, il existe de nombreux types de traducteurs. Les traducteurs peuvent être spécialisés dans les documents juridiques, la transcription médicale et d'autres domaines non liés au monde littéraire. Toutefois, les traducteurs qui sont surtout spécialisés dans le domaine technique ne sont pas forcément le meilleur choix pour travailler sur votre roman. Vous devez avoir un équilibre entre les compétences techniques et le talent littéraire. Les traducteurs qui lisent régulièrement votre genre représentent de bons choix.

La maîtrise de plus d'une langue ne garantit pas toujours qu'un traducteur va interpréter vos mots avec la même intention et la même émotion. Comme une certaine auteure l'a découvert, la traduction de son roman était techniquement parfaite mais il manquait le même suspense et la même intensité parce que les mots utilisés par le traducteur n'étaient pas vraiment les mots adéquats.

Par exemple, « he gulped water » est devenu « il a bu de l'eau » (au lieu de « il a ingurgité de l'eau », par exemple) et « she sprinted down the alley » est devenu « elle a descendu la route en courant » (plutôt que « elle a descendu l'allée à toute vitesse », par exemple). Bien que la traduction dans chaque exemple soit techniquement correcte, c'est clairement une version édulcorée. Dans un roman à suspense, cette perte d'intensité peut faire la différence entre l'impossibilité de poser un livre parce qu'il est passionnant et l'arrêt prématuré de la lecture parce que le livre est ennuyeux.

Il est vital que le traducteur comprenne les nuances de vos choix de mots parce que son rôle est essentiellement de réécrire votre livre pour un nouveau public.

Il y a bien sûr toujours des exceptions. En fait, deux de mes meilleurs traducteurs n'ont aucune des qualifications présentées plus haut. Ils n'ont aucune qualification classique en matière de traduction mais ils sont auteurs eux-mêmes. Leurs écrits n'appartiennent pas à mon genre mais en tant qu'auteurs, ils comprennent ce genre ainsi que les nuances lexicales typiques de chaque genre littéraire. Il est inhabituel de trouver des auteurs parfaitement bilingues qui sont aussi traducteurs mais il y en a quelques-uns quand même.

Un autre avantage au fait de travailler avec un auteur-traducteur est que ce professionnel est certainement aussi à l'aise avec les réseaux sociaux et en contact régulier avec votre genre ou, du moins, suffisamment informé sur le marché du livre et les opportunités promotionnelles dans sa langue et son pays. Il peut être un allié important pour promouvoir votre livre. J'en parlerai davantage plus loin.

Effectuer une évaluation

Vous ne parlez ni ne comprenez un mot d'allemand, alors comment pouvez-vous évaluer la qualité d'une traduction en allemand ? Heureusement, il y a plusieurs manières de dresser une liste ne comprenant que quelques traducteurs. Le processus d'évaluation peut être plutôt long mais il en vaut l'effort car vous trouverez ainsi un bon traducteur. Ce traducteur et vous aurez alors, je l'espère, une relation continue et travaillerez ensemble sur de nombreux autres livres.

L'évaluation commence bien avant que vous ne receviez l'extrait du livre traduit par le traducteur. La sélection est de la plus haute importance. C'est pour cette raison que j'aime choisir mes traducteurs plutôt que d'attendre qu'ils fassent des offres pour traduire mon livre. En appliquant quelques critères de sélection, je peux probablement éliminer 98 % des traducteurs représentés sur Babelcube. Cette démarche demande un peu d'effort mais elle en vaut vraiment la peine parce qu'on trouve ainsi de véritables talents.

La sélection

Le profil du traducteur

Quelle que soit la plateforme sur laquelle je cherche un traducteur, celui-ci s'est probablement présenté brièvement dans son profil et dans la langue source (dans ce cas, l'anglais). Je lis la présentation à la recherche des qualifications que j'ai énumérées plus haut mais aussi d'erreurs d'orthographe et de syntaxe.

S'il y a la moindre erreur, soit il ne maîtrise pas complètement cette langue soit il a rédigé son profil dans la précipitation. Quel que soit le cas, je l'élimine immédiatement parce que je ne veux pas que cette négligence et cette maîtrise insuffisante de la langue source soient reflétées dans mon livre.

Vous pourriez également remarquer certaines phrases bien formulées d'un point de vue syntaxique dans la langue d'arrivée mais qui sonnent un peu faux par rapport à l'original. La phrase est juste un peu différente, peut-être peut-elle même être charmante ... dans un autre contexte.

Ma première impulsion serait de pardonner ces différences puisqu'elles sont censées être corrigées dans la langue d'arrivée. Toutefois, un traducteur professionnel maîtrisant deux langues doit être en mesure d'adapter ces idiosyncrasies. Ainsi tout traducteur n'agissant pas de cette façon devrait vous faire hésiter. A-t-il pleinement saisi les nuances du texte original ? Je vous rappelle que vous ne voyez que son profil à ce stade. Alors, quelles sont les chances pour que vous trouviez d'autres erreurs de traduction dans le reste du roman ?

Les traducteurs que vous sélectionnez peuvent produire une merveilleuse traduction mais s'ils ne maîtrisent pas parfaitement la langue dans laquelle le livre a été écrit, il y a des risques qu'ils comprennent ou traduisent mal certains éléments du texte. Pour ma part, même si le risque est minime, je refuse d'aller plus loin dans ma coopération avec le traducteur concerné.

Les qualifications du traducteur

Les traducteurs travaillent généralement avec un ou deux couples de langues. Dans l'idéal, ils ont une excellente maîtrise de la première langue citée (la langue de départ ou langue source) et sont locuteurs natifs dans la seconde langue citée (la langue d'arrivée ou langue cible). Un couple de langues est donc la présentation de la langue source associée à la langue cible.

Les traducteurs présentent normalement leur couple de langues sous forme abrégée. Par exemple, une personne qui traduit de l'anglais vers l'allemand exprimera ce couple de langues de la façon suivante : EN-DE. Cette présentation utilise les codes de langues ISO 639-2 standard.

Il existe aussi plusieurs types de traducteurs. Recourez le plus possible à un traducteur littéraire car il a bénéficié d'une formation spécialisée en traduction et en littérature. Ce genre de formation varie selon les pays mais l'idéal, c'est un Master en traduction littéraire. Si le traducteur a déjà travaillé avec une maison d'édition, c'est encore mieux parce qu'il connaît les normes en matière d'édition et a peut-être déjà traduit plusieurs livres.

Certains pays offrent des certifications en traduction. Au Brésil, par exemple, l'Association brésilienne des traducteurs (ABRATES) octroie une accréditation nationale à tout traducteur ayant réussi un test de compétence. Aux États-Unis, les traducteurs peuvent être membres de l'association américaine de traduction (ATA). Ces deux exemples garantissent un certain degré de compétence technique de la part du traducteur puisqu'il a réussi des tests. C'est le niveau de base des évaluations de compétences. Servez-vous-en comme point de départ durant le processus de sélection.

Les qualifications et l'expérience ne garantissent pas que la traduction remise sera de qualité. La réputation professionnelle est aussi un élément important. En effet, à travers son travail, le traducteur met autant que vous sa crédilité en jeu. Il fera en sorte d'éviter les avis négatifs qui terniraient sa réputation et éloigneraient les clients potentiels.

Les traducteurs professionnels ont généralement des profils en ligne sur des réseaux sociaux comme LinkedIn, Facebook et des sites spécialisés comme Proz.com. Ils y énumèrent leurs compétences avec plus de détails que sur des plateformes comme Babelcube. On y trouve également les avis laissés pas les clients, des recommandations et plus de détails concernant leur parcours professionnel.

Sur ces sites de traduction, les traducteurs peuvent aussi répondre à des questionnaires pour montrer leur maîtrise des langues. Prenez le temps de vérifier si les traducteurs que vous sélectionnez ont répondu à ce genre de questionnaires et quels résultats ils ont obtenu. Intéressez-vous aussi aux personnes qui ont laissé des avis ou des recommandations pour vérifier qu'elles ont vraiment travaillé avec ces traducteurs. Dans quelques cas, j'ai vu des avis sur le travail de certains traducteurs laissés par d'autres traducteurs donc la vérification est nécessaire.

Un manque d'antécédents professionnels ne signifie pas qu'un traducteur n'est pas qualifié mais cela ne vous permet pas non plus d'effectuer une vérification indépendante.

Il est important que vous fassiez ce travail sérieusement. La dernière chose que vous voudriez, c'est que votre livre obtienne des avis négatifs à cause d'une mauvaise traduction. En effet, le nom que les lecteurs retiennent est le vôtre et non celui du traducteur donc une mauvaise expérience signifie qu'ils sont moins susceptibles d'acheter vos prochains livres.

Expérience vérifiable et résultats

L'idéal est que vous choisissiez un traducteur expérimenté ayant déjà traduit des livres qui se sont suffisamment bien vendus pour recevoir des avis de clients. Rendez-vous sur les sites de vente de livres comme Amazon, Barnes & Noble, Kobo, Apple et Google Play pour voir les livres traduits par le traducteur. Assurez-vous de vérifier son travail sur la version étrangère plutôt que la version originale. Pour un traducteur allemand, rendez-vous sur la filiale allemande d'Amazon (Amazon.de) plutôt que sur le site original américain pour avoir plus de chances de trouver des avis sur le livre traduit.

Les avis peuvent être délicats à interpréter. Il faut prendre le temps de les décoder. Pour moi, par exemple, un mauvais signe est la moindre évocation de la traduction dans le commentaire. Les avis dans lesquels les lecteurs se plaignent de la mauvaise traduction doivent inciter à plus d'attention parce que, normalement, la traduction devrait être invisible pour les lecteurs et ne devrait pas les faire sortir de l'histoire que vous leur racontez. Si la traduction est bonne, les lecteurs ne mentionneront même pas le fait que le livre a été traduit.

Les variations régionales

Comme cela a été dit plus haut, de nombreuses langues ont différents dialectes. Vous en préférerez certains et pas d'autres selon sa popularité dans le monde ainsi que le marché que vous visez. L'espagnol est un bon exemple.

C'est tellement important que je veux le renforcer ici. L'espagnol parlé en Espagne diffère de l'espagnol parlé au Mexique. L'espagnol mexicain diffère de l'espagnol parlé en Amérique du Sud. Certaines personnes pourraient vous faire remarquer que vous êtes en possession d'une mauvaise traduction mais cela pourrait tout simplement être dû aux variations typiques du dialecte utilisé. Cela pourrait paraître injuste mais c'est la réalité. Vous n'avez pas intérêt à ce que votre livre pâtisse de mauvais avis de lecteurs ou de faibles ventes à cause de cela.

Étudiez les différents dialectes et décidez lequel vous intéresse particulièrement. L'espagnol qui est parlé et écrit en Espagne est très différent de celui d'Amérique latine. Comme il a déjà été dit, il y a même des différences entre l'espagnol d'Amérique latine et l'espagnol mexicain. Il est important que vous choisissiez le traducteur approprié pour le bon marché.

L'espagnol européen est plus largement accepté en Amérique latine que l'inverse. Ce n'est pas que les différences ne sont pas comprises, le problème est que lorsqu'un texte est écrit dans un dialecte différent que le vôtre, cela peut vous distraire et vous empêcher de vous plonger dans l'intrigue. Parfois, il y a aussi des mots qui sont connus dans une région mais pas dans une autre. Par exemple, de nombreux mots de l'anglais britannique ne sont pas utilisés aux États-Unis.

Si vous êtes un auteur de best-sellers au niveau mondial, vous pouvez faire de multiples traductions pour répondre à ces différences de dialectes. Si vous ne pouvez pas faire cela, vous devez faire un choix pour cibler un dialecte plutôt qu'un autre.

Concernant les traductions en espagnol, par exemple, je préfère utiliser l'espagnol d'Espagne plutôt que l'espagnol mexicain. Un bon traducteur hispanophone essaiera de minimiser les différences pour produire une traduction dans un espagnol « neutre » même s'il y aura toujours des options lexicales requérant un choix. La traduction ne sera pas idéale pour tous les marchés mais elle plaira à la plupart d'entre eux tout en restant acceptable pour la majorité des lecteurs dans d'autres dialectes.

Il n'est pas du tout pratique d'avoir une version pour chaque dialecte, alors choisissez celui qui est le plus courant. Parfois, ce dialecte « dominant » est celui parlé dans le pays d'origine mais pas forcément. Cette caractéristique n'est donc pas toujours basée sur ce critère, alors demandez des conseils à quelques locuteurs natifs.

Pour le portugais, c'est un peu différent. J'ai choisi de traduire mes livres en portugais du Brésil car il représente un marché énorme comparé au portugais du Portugal. Je suis conscient que ce choix va probablement frustrer certains lecteurs lusophones d'Europe mais j'ai fait le choix de me concentrer sur ce que je pense être le marché le plus rentable des deux.

Je choisis aussi d'utiliser le français européen, sachant que mon choix peut ne pas plaire aux lecteurs québécquois (dont la province représente elle-même un marché assez important). Je sais également que chaque marché doit être approché en tenant compte de ses spécificités socio-économiques. Mes décisions se font sur la base d'un compromis.

D'autres auteurs peuvent prendre des décisions différentes en fonction de leurs marchés cibles et des hypothèses concernant l'avenir. Par conséquent, si mes hypothèses se vérifient pour mes livres, elles peuvent ne pas représenter la bonne approche pour vous.

Évaluer les avis sur les livres traduits

Même les avis positifs des traductions peuvent poser problème. Tout comme avec n'importe quel livre, les avis sont parfois laissés par des amis ou des membres de la famille du traducteur essayant juste de faire en sorte que le livre commence à bien se vendre. Généralement, ils mentionnent à quel point la traduction est excellente. Or, la plupart des lecteurs ne pensent jamais à la traduction. Les commentaires mentionnant à quel point une traduction est fantastique doivent donc être ignorés.

La présence en ligne

Vous devez rechercher des informations sur le traducteur pour voir quel genre de présence en ligne il a. Une présence professionnelle comme l'existence d'un site Internet est bon signe et peut aussi procurer des informations sur leurs domaines de spécialité et leurs tarifs.

C'est également une bonne idée de jeter un coup d'œil aux différentes associations de traducteurs comme l'ATA (association américaine de traducteurs) pour voir si votre traducteur en fait partie. L'appartenance à ces organismes n'est pas une garantie de compétence mais cela indique que le traducteur respectera un minimum de normes en matière de traduction. Certains sites comme Proz.com intègrent aussi des notes attribuées aux traducteurs à la suite de tests proposés pour évaluer leur maîtrise des langues. Effectuer ces étapes vous aidera à réduire considérablement votre recherche.

Évaluer la traduction d'un extrait du livre

La plupart des plateformes de traduction opèrent de la même façon. Le traducteur envoie à l'auteur la traduction d'un extrait de son livre. Si celui-ci l'accepte, le traducteur envoie alors un extrait plus long d'environ 10 pages généralement. Il ne s'agit pas nécessairement des dix premières pages du livre. En effet, certains auteurs fournissent un extrait se trouvant en plein milieu de leur livre et qui contient des expressions et des termes particuliers qui pourraient soit être difficiles ou soit produire plusieurs variations.

Une fois que vous recevez l'extrait traduit, trouvez un lecteur qui est aussi locuteur natif dans la langue cible. L'idéal est qu'il soit un lecteur ou un auteur dans votre genre littéraire afin qu'il puisse évaluer si la traduction se lit facilement et confirmer qu'elle est bien écrite et respecte le ton et le style originaux.

Cela peut devenir un peu compliqué. En effet, comment pouvez-vous savoir que l'évaluateur est qualifié pour juger de la qualité de la traduction ? Si l'évaluateur est aussi un traducteur littéraire ayant reçu des avis positifs et possédant une grande expérience, alors vous pouvez généralement croire en son jugement.

Cependant, étant donné que jusqu'à ce stade, vous n'avez jamais fait traduire vos livres, il est probable que vous ne connaissiez pas d'autres traducteurs littéraires. D'autres endroits utiles pour trouver des évaluateurs sont les grands forums d'auteurs ou d'autres sites où des auteurs se connectent. Il est possible d'y trouver des auteurs polyglottes ayant les connaissances nécessaires dans le même couple de langues. Ils peuvent évaluer la grammaire, le choix des mots, la qualité générale de l'extrait de traduction, ainsi que sa conformité avec la version originale.

Vous pouvez également trouver un second traducteur pour évaluer l'extrait sur des sites comme Proz ou Upwork. Assurez-vous néanmoins que votre évaluateur a au moins le même niveau d'expérience que votre traducteur potentiel. C'est un dilemme si vous ne connaissez pas la langue. C'est pour cela qu'il est important de vérifier les qualifications du traducteur pour avoir une preuve tangible de ses compétences.

Si vous demandez à un ami d'évaluer l'extrait, procédez avec précaution si la langue cible n'est pas sa langue d'origine ou s'il n'a pas vécu depuis longtemps dans un pays où cette langue est parlée. À moins qu'il lise régulièrement dans la langue d'arrivée et dans votre genre, son évaluation pourrait vous induire en erreur.

Si cela est possible, essayez d'obtenir différentes opinions sur la qualité de la traduction. Exposez-leur clairement les points sur lesquels ils doivent se focaliser. Vous devez vous assurer que le travail fourni par le traducteur n'est pas juste une traduction stricte mais plutôt un texte qui saisit le ton et l'émotion du texte d'origine. Votre livre est une forme de divertissement. La traduction doit donc non seulement transmettre le message d'origine mais aussi reproduire la passion de votre roman d'amour ou la terreur de votre roman d'horreur.

Vous pouvez laisser passer les petites erreurs typographiques jusqu'à un certain point si vous avez choisi une équipe de traducteurs étant donné que le livre sera relu par le second traducteur. Toutefois, un traducteur qui vous remettrait un extrait de son travail sans avoir pris le temps de le corriger devrait être une source de préoccupation. Vous avez tout intérêt à travailler avec un traducteur qui met autant de soin et d'attention que vous dans ce travail car sa réputation en dépend.

Toutes ces étapes de sélection prennent du temps mais cela en vaut la peine. Si vous vous retrouvez avec une mauvaise traduction parce que vous n'avez effectué aucune sélection, les implications peuvent être importantes et permanentes.

Si vous avez payé un tarif fixe pour la traduction, alors vous avez perdu cet argent. Cependant, si vous avez établi un contrat basé sur le partage des royalties et que vous acceptez la traduction, alors vous êtes obligé de faire publier cette traduction à votre nom et votre marque en tant qu'auteur. Vous êtes aussi coincé dans un contrat qui s'étend sur plusieurs années avec le premier traducteur. De plus, vous ne pouvez pas annuler la publication du livre traduit ni demander une autre traduction à un autre traducteur tant que le contrat n'est pas arrivé à terme.

La checklist du processus de sélection du traducteur

J'utilise la liste suivante pour sélectionner des traducteurs. Il y a bien sûr toujours des exceptions aux règles mais cette liste réduit le nombre de candidats potentiels qui répondent à certains standards de base :

- Les accréditations professionnelles comme l'appartenance à des associations professionnelles de traducteurs (ATA ou l'équivalent dans le pays du traducteur). Selon le pays, cela peut indiquer ou non que le traducteur a réussi les tests de compétences. Cependant, pour moi, une adhésion à une association n'indique pas nécessairement qu'un traducteur prend son travail et sa carrière sérieusement.
- La formation classique incluant, par exemple, une Licence ou un Master en traduction. Assurez-vous de vérifier le nom du diplôme équivalent dans différents pays. En France, il existe, par exemple, le Master Langues étrangères appliquée (LEA) avec une spécialité en traduction.
- La langue maternelle du traducteur est la langue cible et le traducteur maîtrise la langue source à un niveau universitaire (sa faculté à lire et à comprendre votre livre aisément représente le minimum de ses capacités).
- Le profil du traducteur est rédigé correctement dans la langue source, c'est-à-dire avec une bonne

orthographe et sans erreur de grammaire. Les échanges ultérieurs devront aussi être du même calibre.
- Les qualifications professionnelles vérifiables comme l'adhésion à des associations de traducteurs, des avis de clients ou la participation à Proz.com, par exemple.
- Une expérience antérieure dans la traduction littéraire et des avis positifs en ligne pour des travaux de traduction.
- Des avis laissés pas d'autres auteurs. Un conseil : lire soigneusement entre les lignes.
- Mention de la qualité de la traduction dans le commentaire d'un lecteur. Je rejette immédiatement de tels commentaires car une bonne traduction devrait être indétectable. Ces commentaires indiquent soit que la traduction est mauvaise ou alors que la traduction est bonne mais que l'avis ne vient pas d'un véritable lecteur.
- Le traducteur a trop de projets en cours, ce qui pourrait avoir un impact sur la qualité du travail ou sur le respect des délais.
- L'intérêt du traducteur pour son travail. J'ai remarqué que les traducteurs qui se spécialisent dans un certain genre littéraire ou qui demandent à lire votre livre avant de prendre une décision sont les meilleurs traducteurs. Ils ne s'engagent que sur des projets qui les intéressent et pour lesquels ils savent qu'ils vont faire de l'excellent travail. Pour moi, cela représente un véritable professionnalisme.
- Leur lieu de résidence. S'ils vivent loin de leur pays d'origine (où la langue dans laquelle ils traduisent est parlée) depuis plusieurs mois, ils ne sont pas forcément au courant des dernières expressions, de

l'argot et des idiomes en cours. Cet aspect pourrait être plus important pour les romans sentimentaux contemporains que pour les fictions historiques, alors jaugez en conséquence.
- Les extraits de traduction sont importants mais avec certaines mises en garde. Vous pouvez trouver un lecteur pour vérifier qu'il n'y ait aucune erreur de grammaire ou de traduction. Avoir un ami qui parle la langue cible est utile mais si celui-ci ne lit pas forcément cette langue ou ce genre littéraire, vous ne saurez pas forcément si l'extrait est bien rédigé ou non. Cette démarche doit être entreprise pour évaluer la traduction mais elle ne doit jamais être le seul critère.
- Faites confiance à votre intuition. Certaines personnes ont un profil avantageux sur le papier mais si votre intuition vous fait comprendre que quelque chose ne va pas, alors écoutez votre intuition.

La sélection

Le profil du traducteur

Quelle que soit la plateforme sur laquelle je cherche un traducteur, celui-ci s'est probablement présenté brièvement dans son profil et dans la langue source (dans ce cas, l'anglais). Je lis la présentation à la recherche des qualifications que j'ai énumérées plus haut mais aussi d'erreurs d'orthographe et de syntaxe.

S'il y a la moindre erreur, soit il ne maîtrise pas complètement cette langue soit il a rédigé son profil dans la précipitation. Quel que soit le cas, je l'élimine immédiatement parce que je ne veux pas que cette négligence et cette maîtrise insuffisante de la langue source soient reflétées dans mon livre.

Vous pourriez également remarquer certaines phrases bien formulées d'un point de vue syntaxique dans la langue d'arrivée mais qui sonnent un peu faux par rapport à l'original. La phrase est juste un peu différente, peut-être peut-elle même être charmante ... dans un autre contexte.

Ma première impulsion serait de pardonner ces différences puisqu'elles sont censées être corrigées dans la langue d'arrivée. Toutefois, un traducteur professionnel maîtrisant deux langues doit être en mesure d'adapter ces idiosyncrasies. Ainsi tout traducteur n'agissant pas de cette façon devrait vous faire hésiter. A-t-il pleinement saisi les nuances du texte original ? Je vous rappelle que vous ne voyez que son profil à ce stade. Alors, quelles sont les chances pour que vous trouviez d'autres erreurs de traduction dans le reste du roman ?

Les traducteurs que vous sélectionnez peuvent produire une merveilleuse traduction mais s'ils ne maîtrisent pas parfaitement la langue dans laquelle le livre a été écrit, il y a des risques qu'ils comprennent ou traduisent mal certains éléments du texte. Pour ma part, même si le risque est minime, je refuse d'aller plus loin dans ma coopération avec le traducteur concerné.

Les qualifications du traducteur

Les traducteurs travaillent généralement avec un ou deux couples de langues. Dans l'idéal, ils ont une excellente maîtrise de la première langue citée (la langue de départ ou langue source) et sont locuteurs natifs dans la seconde langue citée (la langue d'arrivée ou langue cible). Un couple de langues est donc la présentation de la langue source associée à la langue cible.

Les traducteurs présentent normalement leur couple de

langues sous forme abrégée. Par exemple, une personne qui traduit de l'anglais vers l'allemand exprimera ce couple de langues de la façon suivante : EN-DE. Cette présentation utilise les codes de langues ISO 639-2 standard.

Il existe aussi plusieurs types de traducteurs. Recourez le plus possible à un traducteur littéraire car il a bénéficié d'une formation spécialisée en traduction et en littérature. Ce genre de formation varie selon les pays mais l'idéal, c'est un Master en traduction littéraire. Si le traducteur a déjà travaillé avec une maison d'édition, c'est encore mieux parce qu'il connaît les normes en matière d'édition et a peut-être déjà traduit plusieurs livres.

Certains pays offrent des certifications en traduction. Au Brésil, par exemple, l'Association brésilienne des traducteurs (ABRATES) octroie une accréditation nationale à tout traducteur ayant réussi un test de compétence. Aux États-Unis, les traducteurs peuvent être membres de l'association américaine de traduction (ATA). Ces deux exemples garantissent un certain degré de compétence technique de la part du traducteur puisqu'il a réussi des tests. C'est le niveau de base des évaluations de compétences. Servez-vous-en comme point de départ durant le processus de sélection.

Les qualifications et l'expérience ne garantissent pas que la traduction remise sera de qualité. La réputation professionnelle est aussi un élément important. En effet, à travers son travail, le traducteur met autant que vous sa crédilité en jeu. Il fera en sorte d'éviter les avis négatifs qui terniraient sa réputation et éloigneraient les clients potentiels.

Les traducteurs professionnels ont généralement des profils en ligne sur des réseaux sociaux comme LinkedIn, Facebook et des sites spécialisés comme Proz.com. Ils y énumèrent leurs compétences avec plus de détails que sur des plateformes comme Babelcube. On y trouve également les avis laissés pas les clients, des recommandations et plus de détails concernant leur parcours professionnel.

Sur ces sites de traduction, les traducteurs peuvent aussi répondre à des questionnaires pour montrer leur maîtrise des langues. Prenez le temps de vérifier si les traducteurs que vous sélectionnez ont répondu à ce genre de questionnaires et quels résultats ils ont obtenu. Intéressez-vous aussi aux personnes qui ont laissé des avis ou des recommandations pour vérifier qu'elles ont vraiment travaillé avec ces traducteurs. Dans quelques cas, j'ai vu des avis sur le travail de certains traducteurs laissés par d'autres traducteurs donc la vérification est nécessaire.

Un manque d'antécédents professionnels ne signifie pas qu'un traducteur n'est pas qualifié mais cela ne vous permet pas non plus d'effectuer une vérification indépendante.

Il est important que vous fassiez ce travail sérieusement. La dernière chose que vous voudriez, c'est que votre livre obtienne des avis négatifs à cause d'une mauvaise traduction. En effet, le nom que les lecteurs retiennent est le vôtre et non celui du traducteur donc une mauvaise expérience signifie qu'ils sont moins susceptibles d'acheter vos prochains livres.

Expérience vérifiable et résultats

L'idéal est que vous choisissiez un traducteur expérimenté ayant déjà traduit des livres qui se sont suffisamment bien vendus pour recevoir des avis de clients. Rendez-vous sur les sites de vente de livres comme Amazon, Barnes & Noble, Kobo, Apple et Google Play pour voir les livres traduits par le traducteur. Assurez-vous de vérifier son travail sur la version étrangère plutôt que la version originale. Pour un traducteur allemand, rendez-vous sur la filiale allemande d'Amazon (Amazon.de) plutôt que sur le site original américain pour avoir plus de chances de trouver des avis sur le livre traduit.

Les avis peuvent être délicats à interpréter. Il faut prendre le temps de les décoder. Pour moi, par exemple, un mauvais signe est la moindre évocation de la traduction dans le commentaire. Les avis dans lesquels les lecteurs se plaignent de la mauvaise traduction doivent inciter à plus d'attention parce que, normalement, la traduction devrait être invisible pour les lecteurs et ne devrait pas les faire sortir de l'histoire que vous leur racontez. Si la traduction est bonne, les lecteurs ne mentionneront même pas le fait que le livre a été traduit.

Les variations régionales

Comme cela a été dit plus haut, de nombreuses langues ont différents dialectes. Vous en préférerez certains et pas d'autres selon sa popularité dans le monde ainsi que le marché que vous visez. L'espagnol est un bon exemple.

C'est tellement important que je veux le renforcer ici. L'espagnol parlé en Espagne diffère de l'espagnol parlé au Mexique. L'espagnol mexicain diffère de l'espagnol parlé en Amérique du Sud. Certaines personnes pourraient vous faire remarquer que vous êtes en possession d'une mauvaise traduction mais cela pourrait tout simplement être dû aux variations typiques du dialecte utilisé. Cela pourrait paraître injuste mais c'est la réalité. Vous n'avez pas intérêt à ce que votre livre pâtisse de mauvais avis de lecteurs ou de faibles ventes à cause de cela.

Étudiez les différents dialectes et décidez lequel vous intéresse particulièrement. L'espagnol qui est parlé et écrit en Espagne est très différent de celui d'Amérique latine. Comme il a déjà été dit, il y a même des différences entre l'espagnol d'Amérique latine et l'espagnol mexicain. Il est important que vous choisissiez le traducteur approprié pour le bon marché.

L'espagnol européen est plus largement accepté en Amérique latine que l'inverse. Ce n'est pas que les différences ne sont pas comprises, le problème est que lorsqu'un texte est écrit dans un dialecte différent que le vôtre, cela peut vous distraire et vous empêcher de vous plonger dans l'intrigue. Parfois, il y a aussi des mots qui sont connus dans une région mais pas dans une autre. Par exemple, de nombreux mots de l'anglais britannique ne sont pas utilisés aux États-Unis.

Si vous êtes un auteur de best-sellers au niveau mondial, vous pouvez faire de multiples traductions pour répondre à ces différences de dialectes. Si vous ne pouvez pas faire cela, vous devez faire un choix pour cibler un dialecte plutôt qu'un autre.

Concernant les traductions en espagnol, par exemple, je préfère utiliser l'espagnol d'Espagne plutôt que l'espagnol mexicain. Un bon traducteur hispanophone essaiera de minimiser les différences pour produire une traduction dans un espagnol « neutre » même s'il y aura toujours des options lexicales requérant un choix. La traduction ne sera pas idéale pour tous les marchés mais elle plaira à la plupart d'entre eux tout en restant acceptable pour la majorité des lecteurs dans d'autres dialectes.

Il n'est pas du tout pratique d'avoir une version pour chaque dialecte, alors choisissez celui qui est le plus courant. Parfois, ce dialecte « dominant » est celui parlé dans le pays d'origine mais pas forcément. Cette caractéristique n'est donc pas toujours basée sur ce critère, alors demandez des conseils à quelques locuteurs natifs.

Pour le portugais, c'est un peu différent. J'ai choisi de traduire mes livres en portugais du Brésil car il représente un marché énorme comparé au portugais du Portugal. Je suis conscient que ce choix va probablement frustrer certains lecteurs lusophones d'Europe mais j'ai fait le choix de me concentrer sur ce que je pense être le marché le plus rentable des deux.

Je choisis aussi d'utiliser le français européen, sachant que mon choix peut ne pas plaire aux lecteurs québécquois (dont la province représente elle-même un marché assez important). Je sais également que chaque marché doit être approché en tenant compte de ses spécificités socio-économiques. Mes décisions se font sur la base d'un compromis.

D'autres auteurs peuvent prendre des décisions différentes en fonction de leurs marchés cibles et des hypothèses concernant l'avenir. Par conséquent, si mes hypothèses se vérifient pour mes livres, elles peuvent ne pas représenter la bonne approche pour vous.

Évaluer les avis sur les livres traduits

Même les avis positifs des traductions peuvent poser problème. Tout comme avec n'importe quel livre, les avis sont parfois laissés par des amis ou des membres de la famille du traducteur essayant juste de faire en sorte que le livre commence à bien se vendre. Généralement, ils mentionnent à quel point la traduction est excellente. Or, la plupart des lecteurs ne pensent jamais à la traduction. Les commentaires mentionnant à quel point une traduction est fantastique doivent donc être ignorés.

La présence en ligne

Vous devez rechercher des informations sur le traducteur pour voir quel genre de présence en ligne il a. Une présence professionnelle comme l'existence d'un site Internet est bon signe et peut aussi procurer des informations sur leurs domaines de spécialité et leurs tarifs.

C'est également une bonne idée de jeter un coup d'œil aux différentes associations de traducteurs comme l'ATA (association américaine de traducteurs) pour voir si votre traducteur en fait partie. L'appartenance à ces organismes n'est pas une garantie de compétence mais cela indique que le traducteur respectera un minimum de normes en matière de traduction.

Certains sites comme Proz.com intègrent aussi des notes attribuées aux traducteurs à la suite de tests proposés pour évaluer leur maîtrise des langues. Effectuer ces étapes vous aidera à réduire considérablement votre recherche.

Évaluer la traduction d'un extrait du livre

La plupart des plateformes de traduction opèrent de la même façon. Le traducteur envoie à l'auteur la traduction d'un extrait de son livre. Si celui-ci l'accepte, le traducteur envoie alors un extrait plus long d'environ 10 pages généralement. Il ne s'agit pas nécessairement des dix premières pages du livre. En effet, certains auteurs fournissent un extrait se trouvant en plein milieu de leur livre et qui contient des expressions et des termes particuliers qui pourraient soit être difficiles ou soit produire plusieurs variations.

Une fois que vous recevez l'extrait traduit, trouvez un lecteur qui est aussi locuteur natif dans la langue cible. L'idéal est qu'il soit un lecteur ou un auteur dans votre genre littéraire afin qu'il puisse évaluer si la traduction se lit facilement et confirmer qu'elle est bien écrite et respecte le ton et le style originaux.

Cela peut devenir un peu compliqué. En effet, comment pouvez-vous savoir que l'évaluateur est qualifié pour juger de la qualité de la traduction ? Si l'évaluateur est aussi un traducteur littéraire ayant reçu des avis positifs et possédant une grande expérience, alors vous pouvez généralement croire en son jugement.

Cependant, étant donné que jusqu'à ce stade, vous n'avez jamais fait traduire vos livres, il est probable que vous ne connaissiez pas d'autres traducteurs littéraires. D'autres endroits utiles pour trouver des évaluateurs sont les grands forums d'auteurs ou d'autres sites où des auteurs se connectent. Il est possible d'y trouver des auteurs polyglottes ayant les connaissances nécessaires dans le même couple de langues. Ils peuvent évaluer la grammaire, le choix des mots, la qualité générale de l'extrait de traduction, ainsi que sa conformité avec la version originale.

Vous pouvez également trouver un second traducteur pour évaluer l'extrait sur des sites comme Proz ou Upwork. Assurez-vous néanmoins que votre évaluateur a au moins le même niveau d'expérience que votre traducteur potentiel. C'est un dilemme si vous ne connaissez pas la langue. C'est pour cela qu'il est important de vérifier les qualifications du traducteur pour avoir une preuve tangible de ses compétences.

Si vous demandez à un ami d'évaluer l'extrait, procédez avec précaution si la langue cible n'est pas sa langue d'origine ou s'il n'a pas vécu depuis longtemps dans un pays où cette langue est parlée. À moins qu'il lise régulièrement dans la langue d'arrivée et dans votre genre, son évaluation pourrait vous induire en erreur.

Si cela est possible, essayez d'obtenir différentes opinions sur la qualité de la traduction. Exposez-leur clairement les points sur lesquels ils doivent se focaliser. Vous devez vous assurer que le travail fourni par le traducteur n'est pas juste une traduction stricte mais plutôt un texte qui saisit le ton et l'émotion du texte d'origine. Votre livre est une forme de divertissement. La traduction doit donc non seulement transmettre le message d'origine mais aussi reproduire la passion de votre roman d'amour ou la terreur de votre roman d'horreur.

Vous pouvez laisser passer les petites erreurs typographiques jusqu'à un certain point si vous avez choisi une équipe de traducteurs étant donné que le livre sera relu par le second traducteur. Toutefois, un traducteur qui vous remettrait un extrait de son travail sans avoir pris le temps de le corriger devrait être une source de préoccupation. Vous avez tout intérêt à travailler avec un traducteur qui met autant de soin et d'attention que vous dans ce travail car sa réputation en dépend.

Toutes ces étapes de sélection prennent du temps mais cela en vaut la peine. Si vous vous retrouvez avec une mauvaise traduction parce que vous n'avez effectué aucune sélection, les implications peuvent être importantes et permanentes.

Si vous avez payé un tarif fixe pour la traduction, alors vous avez perdu cet argent. Cependant, si vous avez établi un contrat basé sur le partage des royalties et que vous acceptez la traduction, alors vous êtes obligé de faire publier cette traduction à votre nom et votre marque en tant qu'auteur. Vous êtes aussi coincé dans un contrat qui s'étend sur plusieurs années avec le premier traducteur. De plus, vous ne pouvez pas annuler la publication du livre traduit ni demander une autre traduction à un autre traducteur tant que le contrat n'est pas arrivé à terme.

La checklist du processus de sélection du traducteur

J'utilise la liste suivante pour sélectionner des traducteurs. Il y a bien sûr toujours des exceptions aux règles mais cette liste réduit le nombre de candidats potentiels qui répondent à certains standards de base :

- Les accréditations professionnelles comme l'appartenance à des associations professionnelles de traducteurs (ATA ou l'équivalent dans le pays du traducteur). Selon le pays, cela peut indiquer ou non que le traducteur a réussi les tests de compétences. Cependant, pour moi, une adhésion à une association n'indique pas nécessairement qu'un traducteur prend son travail et sa carrière sérieusement.
- La formation classique incluant, par exemple, une Licence ou un Master en traduction. Assurez-vous de vérifier le nom du diplôme équivalent dans différents pays. En France, il existe, par exemple, le

Master Langues étrangères appliquée (LEA) avec une spécialité en traduction.
- La langue maternelle du traducteur est la langue cible et le traducteur maîtrise la langue source à un niveau universitaire (sa faculté à lire et à comprendre votre livre aisément représente le minimum de ses capacités).
- Le profil du traducteur est rédigé correctement dans la langue source, c'est-à-dire avec une bonne orthographe et sans erreur de grammaire. Les échanges ultérieurs devront aussi être du même calibre.
- Les qualifications professionnelles vérifiables comme l'adhésion à des associations de traducteurs, des avis de clients ou la participation à Proz.com, par exemple.
- Une expérience antérieure dans la traduction littéraire et des avis positifs en ligne pour des travaux de traduction.
- Des avis laissés pas d'autres auteurs. Un conseil : lire soigneusement entre les lignes.
- Mention de la qualité de la traduction dans le commentaire d'un lecteur. Je rejette immédiatement de tels commentaires car une bonne traduction devrait être indétectable. Ces commentaires indiquent soit que la traduction est mauvaise ou alors que la traduction est bonne mais que l'avis ne vient pas d'un véritable lecteur.
- Le traducteur a trop de projets en cours, ce qui pourrait avoir un impact sur la qualité du travail ou sur le respect des délais.
- L'intérêt du traducteur pour son travail. J'ai remarqué que les traducteurs qui se spécialisent dans un certain genre littéraire ou qui demandent à

lire votre livre avant de prendre une décision sont les meilleurs traducteurs. Ils ne s'engagent que sur des projets qui les intéressent et pour lesquels ils savent qu'ils vont faire de l'excellent travail. Pour moi, cela représente un véritable professionnalisme.

- Leur lieu de résidence. S'ils vivent loin de leur pays d'origine (où la langue dans laquelle ils traduisent est parlée) depuis plusieurs mois, ils ne sont pas forcément au courant des dernières expressions, de l'argot et des idiomes en cours. Cet aspect pourrait être plus important pour les romans sentimentaux contemporains que pour les fictions historiques, alors jaugez en conséquence.
- Les extraits de traduction sont importants mais avec certaines mises en garde. Vous pouvez trouver un lecteur pour vérifier qu'il n'y ait aucune erreur de grammaire ou de traduction. Avoir un ami qui parle la langue cible est utile mais si celui-ci ne lit pas forcément cette langue ou ce genre littéraire, vous ne saurez pas forcément si l'extrait est bien rédigé ou non. Cette démarche doit être entreprise pour évaluer la traduction mais elle ne doit jamais être le seul critère.
- Faites confiance à votre intuition. Certaines personnes ont un profil avantageux sur le papier mais si votre intuition vous fait comprendre que quelque chose ne va pas, alors écoutez votre intuition.

8

PUBLIER VOTRE LIVRE TRADUIT

Vérifier et publier

Le titre

Choisissez votre titre en accord avec votre traducteur. Ne vous contentez pas d'une traduction littérale mais optez pour un titre qui non seulement saisit l'essence du livre et incite les lecteurs à l'acheter mais qui donne aussi une idée du genre littéraire auquel le livre appartient. Les genres et les catégories varient souvent dans les autres langues, alors jetez un coup d'œil aux plus grandes plateformes de vente dans la langue cible et regardez comment ils regroupent les livres. De la même façon, dans plusieurs langues, le sous-titre représente souvent le genre. Par exemple, les romans à suspense français sont souvent sous-titrés « policiers/thrillers », pour les romans à suspense néerlandais, c'est « thrillers », etc.

Une considération importante est de savoir s'il faut intégrer les métadonnées à la fois dans le titre et dans le sous-titre. Cela vaut la peine d'expliquer au traducteur les avantages d'inclure les mots-clés principaux mais je vous recommande de trouver des exemples précis et de partager des extraits de travaux précédents avec le traducteur afin qu'il se fasse une idée des résultats que vous souhaitez. Plutôt que d'offrir un titre et un sous-titre, proposez-lui certains choix contenant vos métadonnées préférées et laissez-le vous dire si elles sont appropriées ou non. Avoir les bons mots-clés dans le titre et le sous-titre du livre joue un rôle très important dans la capacité des lecteurs à découvrir votre œuvre, alors utilisez-les à votre avantage.

Remarquez bien que je ne suis pas en train d'insinuer que vous devez avoir un titre de 60 mots incluant tous les mots-clés qui vous viennent à l'esprit. Cela n'aurait pour conséquence que d'alourdir la couverture de votre livre. Cependant, si votre livre est un roman sentimental, incluez ce mot et le sous-genre au moins dans le sous-titre et recourez au même style que les autres livres dans ce genre.

Il doit s'agir des termes appropriés dans la langue cible étant donné que les catégories varient selon les langues. Pour une traduction française de votre roman sentimental contemporain, par exemple, rendez-vous sur les sites Fnac.com et Amazon.fr et voyez comment les livres sont placés par catégorie. Incluez le nom de la catégorie le plus adapté comme une partie du sous-titre et vous ajoutez ainsi une manière supplémentaire pour les lecteurs français de votre genre de trouver votre livre.

Je vous suggère également de discuter de votre principal objectif par rapport au choix du titre (c'est-à-dire le fait que votre livre soit découvert) dès le départ avec votre traducteur. Cela lui donnera le temps de penser à un titre convenable pendant qu'il traduit le livre. Un bon traducteur choisira un titre qui apparaît non seulement dans les résultats de recherche mais qui suscite aussi l'intérêt du lecteur et donne une idée de l'expérience de lecture qu'il aura avec le livre.

Le manuscrit

Quels que soient les arrangements que vous avez établis pour la traduction, vous devez suivre les mêmes étapes pour formater votre livre et le préparer pour la publication. Assurez-vous que le texte formaté garde toutes les caractéristiques de la langue cible comme les accents. La ponctuation et l'espacement aussi peuvent varier dans d'autres langues. Soyez particulièrement attentif au moment de copier ou de réviser votre manuscrit afin d'être certain que vous ne changez rien involontairement.

N'oubliez pas d'ajouter votre traducteur comme contributeur sous votre nom d'auteur. Pensez également à l'ajouter comme contributeur sur les plateformes lorsque vous publierez votre livre.

La couverture

Vous aurez besoin d'une nouvelle couverture. Les éditeurs traditionnels conçoivent souvent des couvertures pour chacun des grands marchés qu'ils visent afin qu'elles correspondent le plus possible aux préférences locales. Une couverture américaine pour un roman sentimental sera plus explicite que la couverture britannique pour ce même livre, par exemple. Les éditeurs adaptent donc les couvertures pour plaire aux lecteurs d'un marché donné.

En tant qu'auteur indépendant, vous n'avez que l'option de télécharger une couverture par livre, à moins que vous ne créiez deux éditions différentes. Ce n'est probablement pas nécessaire si la motivation est purement marketing.

Toutefois, les couvertures sont parfois changées pour respecter les valeurs plus conservatrices ou même des lois dans certains pays. À moins que vous n'ayez une couverture osée sur votre livre érotique ou des images ouvertement politiques sur une histoire de guerre, vous n'avez *a priori* aucune inquiétude à vous faire sur d'éventuels changements à apporter.

Dans la plupart des cas, vous pourrez garder la même image et changer seulement la typographie sur votre couverture et adopter celle de la langue étrangère. Le concepteur de la couverture le fera probablement gratuitement ou en échange d'une très petite somme d'argent.

Si vous décidez de sortir votre livre au format de poche, vous aurez besoin de changer la largeur de la reliure pour qu'elle s'adapte au nombre plus ou moins élevé de pages de la version traduite.

L'édition

À part vérifier que les caractères spécifiques à la langue cible sont restés intacts dans la version formatée de votre livre, vous devez vérifier que les métadonnées et le titre ont été reproduits correctement avec les accents typiques de la langue cible, par exemple, dans les champs de description et les titres sur chaque plateforme de vente.

Même quand les champs de saisie semblent corrects, ils pourraient perdre le formatage une fois publiés sur le site du détaillant. Vérifiez-les donc à nouveau après la publication du livre.

Je trouve, par exemple, que parfois, CreateSpace ne reproduit pas les accents en français et d'autres titres. Il semble fonctionner parfois et ne pas fonctionner à d'autres moments. Il est très important que le titre apparaisse correctement afin qu'il se voit bien dans les résultats de recherche. Si vous trouvez des erreurs linguistiques étranges liées au formatage et que vous ne parvenez pas à les corriger après quelques tentatives, contactez CreateSpace et demandez-leur d'effectuer les modifications nécessaires.

Mis à part ces détails, il n'y a pas de différence dans le formatage et la création de fichier pour le livre traduit.

La stratégie de lancement

C'est une bonne idée de discuter de votre stratégie de lancement et du planning avec votre traducteur pour savoir s'il peut vous apporter son aide ou, au moins, donner son avis sur vos projets. Un autre aspect pour lequel vous pouvez demander de l'aide est la traduction de la copie de stratégie publicitaire si vous prévoyez de recourir aux publicités Facebook, par exemple. Si vos traducteurs ou vous-même connaissez des blogueurs littéraires, je vous recommande de les contacter en leur offrant un cadeau s'ils s'inscrivent sur votre liste de diffusion. De cette façon, vous pouvez créer une liste de diffusion dans la langue cible. Nous en parlerons en détail dans le prochain chapitre.

Je conserve des listes de diffusion séparées pour chaque langue. Des listes de diffusion segmentées vous permet d'envoyer des notifications liées à la sortie d'un nouveau livre dans la langue cible ainsi que des mises à jour qui concernent cette langue uniquement. Cette démarche permet aussi de suivre plus facilement les ouvertures, les clics et les autres mesures de performance pour chaque langue.

9

MARKETING ET PUBLICITÉ

Votre livre, à présent publié, a de la visibilité dès les premiers jours et les premières semaines après sa sortie. Que doit-il se passer maintenant ? Très vite, le livre perd cette visibilité et se noie dans un océan de livres. Votre livre est alors supplanté par toutes les nouvelles sorties jusqu'à ce qu'il finisse par être purement et simplement enterré et qu'aucun individu ne sache même comment le chercher.

Il y a peu de livres présents sur les marchés non anglophones et il y a encore moins de lecteurs. Vous avec une superbe couverture et une présentation qui attire l'attention mais tout cela ne sert à rien si personne ne peut trouver votre livre. Alors, que pouvez-vous faire pour que votre livre sorte du lot ?

La bonne nouvelle est que de nombreuses choses que vous faites avec vos livres écrits dans votre langue maternelle peuvent être faites aussi sur d'autres marchés. Certains marchés sont moins développés que le marché anglophone. Il y a donc moins de concurrence, non seulement pour les sites publicitaires mais aussi pour la possibilité de faire des offres pour des annonces. Ce que vous payerez comme coût par clic sera donc probablement moins élevé sur Facebook et sur des sites similaires.

Il y a toutefois moins de lecteurs sur ces marchés. Il est donc plus difficile de rentrer en contact avec eux. Le nombre moins élevé de lecteurs est lié aux différences permanentes et temporaires qui existent entre ces marchés et le marché anglophone. Tout d'abord, le nombre de lecteurs dans la plupart des autres langues (c'est essentiellement une différence permanente) et l'adoption plus tardive des livres numériques ou de l'habitude des achats en ligne (différence temporaire). Les marchés non anglophones sont mûrs pour un changement profond. C'est donc juste une question de temps avant qu'ils ne deviennent compétitifs. C'est pour cette raison qu'il est vital d'être visible sur ces marchés tant qu'il est encore facile de le faire.

Mais comment gagner en visibilité quand on ne parle pas la langue du marché choisi ?

Quand les traducteurs font de la promotion pour le livre

Le choix logique serait de demander à une personne qui parle cette langue. La première personne qui vient à l'esprit est le traducteur puisqu'il s'est déjà familiarisé avec votre livre et s'est impliqué dans un travail lié à ce livre. En fait, le site Babelcube suggère que votre traducteur devrait aussi s'impliquer fortement dans sa promotion. Cette approche a du sens.

Cependant, votre traducteur n'est probablement pas aussi habitué que vous à faire de la publicité et du marketing, surtout quand il s'agit de promouvoir un livre. Comme on le sait, la plupart des gens n'aiment pas faire de la promotion de toute façon et, à moins que vous définissiez ce que vous entendez par « marketing », même un traducteur enthousiaste sera réticent à se lancer dans cet exercice.

De nombreux traducteurs estiment également qu'ils ont

déjà fait énormément de travail en traduisant les livres. Je suis d'accord avec eux. Vous pourriez trouver d'excellents traducteurs qui ne veulent pas du tout faire de marketing. Cela pourrait parfois signifier qu'ils ne sentent pas à l'aise avec le fait de rédiger une copie stratégie ou alors qu'ils ont peur que vous leur demandiez de faire une promotion acharnée du livre traduit. Ils ne veulent pas écrire des articles de blog sur votre livre toute la journée.

En fait, ce n'est pas ce que j'attendais de leur part de toute façon. Ce que je veux, c'est préparer la copie stratégie moi-même, dans ma langue. Je n'ai besoin d'aide que pour la dernière étape, c'est-à-dire pour obtenir la traduction de ma copie dans la langue cible. Que le traducteur trouve des blogs et des sites pour la promotion serait aussi utile mais c'est une démarche que je peux effectuer moi-même. De plus, sur la plupart de ces sites, les équipes maîtrisent suffisamment l'anglais pour répondre à mes demandes. Ce qui importe c'est ce qui est demandé et la nécessité de le faire avec le plus de précision possible.

Maintenant je sais que si je fais traduire la copie stratégie ou si je pose des questions précises qui ne trouvent pas de réponses, la plupart des traducteurs sont contents de pouvoir aider. S'ils ne le souhaitent pas, ce n'est pas grave non plus. Tout d'abord, vous devez obtenir la meilleure traduction possible pour votre livre. Pour ma part, je préfère avoir une excellente traduction plutôt qu'une personne experte en marketing qui promeut une traduction médiocre. Toutefois, si vous trouvez une personne qui est un excellent traducteur et qui a du talent pour le marketing, c'est un plus.

Le marketing est une chose effrayante pour la plupart des gens mais quand on décortique ce processus, on se rend compte qu'il n'est pas aussi intimidant qu'il n'y paraît. En effet, connaître les spécificités d'un travail permet d'apaiser la peur de l'inconnu. Je pense donc qu'il est préférable pour l'auteur de faire le travail pour lequel il a des connaissances et d'utiliser les talents du traducteur pour des connaissances plus spécialisées et pour les exigences linguistiques.

Je fais en sorte de faire le plus de travail possible afin que le traducteur n'ait plus rien à faire que de traduire la copie stratégie, les descriptions du livre, etc., et peut-être me signaler quand je me dirige dans la mauvaise direction. Je me sens à l'aise lorsque je prépare la copie stratégie dans ma langue maternelle et quand il s'agit de déterminer et de commercialiser mon œuvre. Je teste mes idées auprès du traducteur pour avoir sa validation et, souvent, celui-ci m'offre des suggestions très utiles.

Quelque fois je me contente de fournir la publicité en anglais à mon traducteur afin qu'il traduise la dizaine de mots qui s'y trouvent. De cette façon, je peux aussi avoir sa réaction concernant l'adéquation des créations graphiques publicitaires avec le marché visé et savoir si l'image et l'incitation à l'action sont suffisamment accrocheuses. J'ajoute ensuite la copie traduite et voilà, j'ai une annonce publicitaire traduite prête à être utilisée dans les publicités Facebook ou d'autres promotions.

Je partage mes objectifs promotionnels avec mon traducteur. Je prépare aussi une feuille d'informations contenant le titre du livre, la description, le graphique et les liens d'achat. Le traducteur n'a alors plus qu'à partager et promouvoir le livre traduit, pratiquement sans effort. En général, j'essaie de demander aux traducteurs d'aider seulement dans des domaines dans lesquels je n'ai aucune connaissance et dans lesquels je ne me sens pas en confiance. Il n'y a pas de solution convenant à toutes les situations, alors adaptez le plus possible ce que vous apprenez ici.

Dans le meilleur des cas, il s'agit d'un effort collectif où l'auteur fournit une copie stratégie à faire traduire puis l'auteur et le traducteur travaillent ensemble pour trouver des sites promotionnels. Je pense que les sites promotionnels sont une manière temporaire de découvrir des livres jusqu'à ce que les grandes plateformes de vente comme Amazon, Apple, Google Play et Kobo offrent plus de paiements par clic ou des opportunités promotionnelles sur leurs sites, tout comme cela commence à se faire sur le marché anglophone. Tout cela facilite les choses car tout ce dont vous avez besoin, c'est d'une copie traduite, une couverture traduite et un ciblage des motsclés appropriés et vous êtes prêt à promouvoir votre travail.

Les sites de promotion des livres

Avant d'arriver au stade où vous faites la promotion de votre travail, vous devez trouver d'autres façons de gagner en visibilité sur des blogs littéraires et des sites de promotion des livres, par exemple. L'idéal est que votre traducteur connaisse certains de ces sites mais si ce n'est pas le cas, vous pourriez penser à le guider et à lui montrer comment les trouver.

Vous pouvez également les trouver vous-même. L'équivalent des termes comme « livres numériques à bas prix » ou des expressions similaires dans la langue cible devrait vous aider à identifier certains sites importants. C'est là que Google Translate est utile car vous pouvez traduire pratiquement n'importe quel site dans votre langue pour voir si le site répond à vos besoins promotionnels.

Les publicités Facebook pourraient aussi être efficaces. De plus, le marché n'est pas aussi saturé qu'il ne l'est pour les livres écrits en anglais. Grâce à la faible concurrence, le coût pourrait être plus raisonnable. L'efficacité de cette démarche dépend néanmoins de la popularité de la plateforme elle-même, dans cette langue en particulier.

Pour vous donner un exemple : j'ai créé et placé une publicité sur Facebook pour la sortie d'un livre en néerlandais et, malgré la popularité de mes livres aux Pays-Bas, l'intérêt du public a été très faible. Je sais que le livre est populaire et que la couverture est suffisamment accrocheuse pour les lecteurs. J'ai ciblé le public qui lit mes livres. Je crois aussi que Facebook y est populaire. Toutefois, je n'ai pas eu les résultats escomptés. Le problème était peut-être lié à ma copie stratégie ou mon incitation à l'action. Peut-être n'ai-je pas ciblé le bon public ? Il est toujours difficile de savoir avec la publicité mais c'est encore plus dur d'évaluer les résultats lorsque vous faites de la promotion dans une langue étrangère.

Les coûts de marketing et de publicité peuvent vraiment augmenter très vite si vous ne faites pas attention. Si vous concevez des annonces à placer sur des sites comme Facebook, la meilleure approche à avoir est d'essayer quelques variations de cette publicité et de faire un test A/B pour voir laquelle fonctionne le mieux. Le test A/B, c'est lorsque vous placez sur un site deux annonces publicitaires presque identiques, généralement avec seulement une ou quelques différences, au point où vous pouvez identifier ce qui fonctionne et ce qui ne fonctionne pas. Faites une offre basse pour commencer et, une fois que vous avez trouvé une annonce qui reçoit le plus grand nombre de clics, arrêtez toutes les autres annonces et dépensez votre argent sur celle qui fonctionne le mieux. Cela vous fera gagner de l'argent à long terme.

Peu importe la manière dont vous effectuez votre promotion, cette démarche peut très rapidement assécher vos gains ou même vous placer dans une position où vous perdez de l'argent, à moins que vous ne restiez dans les limites de votre budget, révisiez et évaluiez soigneusement vos résultats et apportiez les modifications nécessaires.

Comme vous pouvez l'imaginer, il est plus facile d'avoir des gains d'argent si vous avez plus d'un livre sur le marché car, si les lecteurs aiment votre livre, vos livres suivants leur seront aussi disponibles et vont attirer leur attention. C'est pour cette raison que je recommande que vous attendiez d'avoir sur le marché quelques livres dans une langue en particulier avant de commencer à faire de la publicité.

Le meilleur panneau d'affichage publicitaire reste la quatrième de couverture de votre livre, tout comme c'est le cas en anglais. Attirer l'attention des lecteurs est plus facile s'ils appartiennent à votre écosystème. Ayez recours à une incitation à l'action à la fin de votre livre afin que les lecteurs achètent le livre suivant ou s'inscrivent pour recevoir les notifications à la sortie de votre prochain livre.

La quatrième de couverture du livre représente est un excellent endroit pour communiquer avec vos lecteurs. Cela prend encore plus d'importance quand vous ne parlez pas la langue cible puisque votre capacité à écrire un article de blog ou à communiquer plus généralement dans une langue que vous ne parlez pas est limitée. Tout ce que vous avez à faire, c'est de fournir un élément qui ne requiert aucune traduction : un lien vers votre prochain livre. Je m'assure constamment que mes liens sont configurés pour montrer tous mes livres dans la version traduite en premier afin que le lecteur ne voie pas tout un tas de livres en anglais d'abord.

Il s'agit d'une forme de publicité passive mais c'est néanmoins la plus efficace. Quiconque a lu votre livre jusqu'au bout l'a certainement apprécié. Ces personnes sont potentiellement vos lecteurs les plus loyaux, ceux qui achèteront votre prochain livre à la minute même où il sera disponible sur le marché. Ils seront aussi probablement ceux qui recommanderont vos livres à leurs amis.

Un ou plusieurs sites Internet ?

Comme pour tout, il y a toujours un compromis à trouver entre la perfection et le côté pratique.

J'ai un site Internet pour toutes les langues de mon livre avec des onglets séparés pour chaque langue. D'autres auteurs utilisent une page par livre avec chaque édition étrangère de ce titre présentée sur la même page. Même si cela peut être une façon nette et rangée d'organiser vos livres, ce n'est probablement pas de cette manière qu'un lecteur va rechercher vos livres. De façon plus importante, une fois qu'un lecteur me trouve, je veux qu'il voie et achète tous les livres que j'ai dans sa langue. C'est pour cette raison que je vous recommande de réserver une section pour chaque langue sur votre site et d'y inclure tous vos titres.

Certains auteurs ont un site réservé à chaque langue. Toutefois, un inconvénient évident est la multiplication des noms de domaines pour ces sites ainsi que les dépenses afférentes. Cela nécessite aussi beaucoup de travail. Un autre inconvénient à cette approche est que le trafic de votre site sera réparti sur tous vos autres sites, ce qui signifie que vous ne serez pas classé très haut dans les résultats de recherche. Je ne suis pas sûr du nombre de personnes qui trouveront votre site puis qui chercheront vos autres livres en retournant sur un moteur de recherche. Ceci dit, c'est toujours une bonne chose d'avoir plus de trafic.

Les réseaux sociaux

Vous avez déjà probablement une page Facebook en tant qu'auteur où vous fournissez des mises à jour et parlez de vos nouvelles œuvres. Certains auteurs ont créé des pages Facebook séparées pour chaque langue. C'est l'idéal, du moins, si vous avez un assistant dans chacune des langues chargé de gérer chaque page. Certains auteurs de best-sellers procèdent de cette façon. L'avantage est qu'ils ont une page cohérente et organisée qui s'adresse directement aux lecteurs dans cette langue. Comme pour beaucoup de choses, il s'agit d'un bon compromis. Si vous gagnez un million de dollars par an, cela pourrait être intéressant de suivre ces étapes supplémentaires et d'avoir encore plus de contacts avec vos fans.

Rappelez-vous que, contrairement à votre site Internet, une page Facebook n'est pas quelque chose que vous contrôlez. Les choses peuvent changer du jour au lendemain et c'est ce qui arrive le plus souvent. Je ne recommande donc pas de dépenser beaucoup d'argent pour organiser une page qui pourrait disparaître le lendemain. Il est préférable de nouer le contact avec les lecteurs en les incitant à s'inscrire sur votre liste de diffusion où vous pouvez contrôler le contenu et le système d'envoi.

La plupart de mes traducteurs sont heureux de traduire des articles de blog et des *newsletters* pour les livres qu'ils ont traduits parce qu'ils en profitent à long terme quand les livres se vendent bien. Faites toutefois attention de ne pas trop en faire ni à trop demander. Une *newsletter* consacrée à la sortie d'un nouveau livre est une chose mais si vous avez l'intention de communiquer tous les mois avec vos abonnés dans la langue cible, vous devez vous préparer à payer le traducteur pour ce travail de traduction continu.

10

CONCLUSION

J'ai inclus des *checklists* pratiques en annexe afin que vous puissiez y revenir facilement lorsque vous en aurez besoin. La plupart des conseils relèvent du bon sens mais il est facile de perdre le fil parce qu'il y a tellement de choses auxquelles vous devez penser.

Vos droits intellectuels et la manière de les monétiser sont importants tout comme la personne avec laquelle vous travaillez. Les marchés peuvent changer (il est même certain qu'ils changeront) mais les bases et la manière de les évaluer resteront inchangés. Savoir ce que vous recherchez est essentiel et je crois vous avoir donné les outils pour y parvenir.

Ce livre a été écrit avec l'intention de fournir un aperçu concis des opportunités de traduction disponibles aujourd'hui ainsi que des conseils pratiques sur la manière de faire des choix avisés. Il s'agit d'un marché qui évolue mais aussi d'un domaine qui, je pense, contient d'immenses opportunités pour les auteurs-entrepreneurs.

J'espère vous avoir convaincu de faire les premiers pas pour faire traduire vos livres dans d'autres langues et les rendre disponibles sur de nouveaux marchés. Je vous ai au moins donné quelques pistes de réflexion.

Si vous avez apprécié ce livre, pensez à laisser un petit commentaire sur votre site d'achat. J'adore avoir des retours de la part des lecteurs parce que cela m'aide à m'améliorer constamment et à adapter le thème de mes livres à leurs besoins. J'aime toutefois, plus que tout, partager mes expériences avec le plus d'auteurs possible. C'est un petit monde avec de grandes opportunités qui peuvent nous appartenir si nous le voulons bien.

Visez toujours plus haut et que vos traductions se passent le mieux possible !

11

ANNEXE – LES CHECKLISTS

Ces *checklists* sont présentées ici afin que vous vous y référiez plus facilement. Il est préférable de commencer avec la première liste (« Choisir les langues et les marchés ») et de poursuivre avec chacune des listes qui suivent dans l'ordre dans lequel elles sont présentées.

Choisir les langues et les marchés

Les meilleurs marchés ont au moins deux des caractéristiques suivantes :

HP (« High prices ») **Prix élevés** : les livres demandent des prix de vente élevés

HG (« High growth ») **Croissance élevée** : la lecture est une activité répandue et stable ou qui grandit en popularité

LC (« Low competition ») **Concurrence faible** : un nombre peu élevé de livres pour satisfaire la demande

LM (« Large Market ») **Marché important** : un grand marché potentiel pour trouver de nouveaux lecteurs

Genre : le genre et le sous-genre choisis figurent parmi les plus populaires dans cette langue et sur ce marché

Choisir une structure tarifaire : tarif fixe ou royalties

Le tarif fixe

Avantages

- Vous possédez immédiatement la traduction. Vous êtes libre de la distribuer dans tous les canaux de vente (ou seulement un canal) sans consulter le traducteur ni compromettre ses gains.
- Vous possédez toujours les droits dérivés exclusifs pour d'autres formats comme les livres audio, les livres de poche ou les adaptations cinématographiques. Vous pouvez donc exploiter immédiatement ces droits et gagner de l'argent plus vite.
- La flexibilité des prix : vous pouvez choisir de mettre votre livre à la disposition des lecteurs gratuitement ou pour un petit prix pour des raisons marketing, ce qui serait injuste par rapport à votre traducteur si vous avez un accord sur la base d'un partage des royalties.
- Élimine le besoin d'effectuer la laborieuse tenue des compte requise dans un accord sur la base d'un partage des royalties.
- Minimise le risque de conflits juridiques puisque le contrat prend fin une fois le livre remis.
- Peut être l'option la plus abordable pour vous si votre livre se vend bien.
- Votre traduction sera terminée rapidement, étant donné que le traducteur s'en occupera en priorité comme un travail rémunéré plutôt qu'un partage

des royalties avec ses délais de paiement plus longs et l'incertitude qui le caractérise.

Inconvénients

- Vous supportez le coût de la traduction qui peut être extrêmement élevé et s'accumuler si vous avez plusieurs livres.
- Il se peut que vous ne rentabilisiez jamais votre investissement. Les prix des livres peuvent chuter, les modèles d'abonnement changer et la concurrence s'accentuer, vous empêchant donc de couvrir vos frais.
- Moins de motivation pour un traducteur peu éthique de fournir un produit de qualité puisqu'il n'y a pas de revenu en jeu une fois remis le produit fini. Il se pourrait que vous ne constatiez des problèmes de correction ou de qualité qu'au moment où vous recevrez des avis négatifs.
- Le traducteur peut ne pas être motivé à vous aider avec le marketing et la promotion sur le marché étranger une fois qu'il a été complètement payé.

Le partage des royalties (sur une plateforme de traduction tierce)

Avantages

- La plateforme de traduction s'occupe de la tenue de compte, des paiements et des impôts.
- La plateforme de traduction peut intercéder en votre faveur s'il y a des problèmes contractuels comme un

- délai de livraison non respecté ou le manque d'exécution du travail.
- Les contrats pour une œuvre commandée protègent vos droits de propriété intellectuelle.
- Une fois le contrat terminé, vous obtenez toutes les royalties ultérieures et vous pouvez exploiter vos droits intellectuels.
- Forte rentabilité et risque peu élevé.

Inconvénients

- La plateforme de traduction prend un pourcentage des recettes nettes, laissant moins d'argent à vous partager avec le traducteur.
- Vous ne pouvez pas exploiter vos droits subsidiaires tels que les livres audio basés sur la traduction tant que le contrat est en cours.
- Il y a un intermédiaire entre vous et les livres publiés, ce qui limite votre capacité à fixer les prix, choisir les catégories et utiliser les logiciels publicitaires spécifiques à la plateforme pour promouvoir directement vos livres sur certaines plateformes de vente.

La checklist de sélection du traducteur

- Les accréditations professionnelles comme l'appartenance à des associations professionnelles de traducteurs (ATA ou l'équivalent dans le pays du traducteur). Selon le pays, cela peut indiquer ou non

que le traducteur a réussi les tests de compétences. Cependant, pour moi, une adhésion à une association n'indique pas nécessairement qu'un traducteur prend son travail et sa carrière sérieusement.
- La formation classique incluant, par exemple, une Licence ou un Master en traduction. Assurez-vous de vérifier le nom du diplôme équivalent dans différents pays. En France, il existe, par exemple, le Master LEA (Langues étrangères appliquées) avec une spécialité en traduction.
- La langue maternelle du traducteur est la langue cible et le traducteur maîtrise la langue source à un niveau universitaire (sa faculté à lire et à comprendre votre livre aisément représente le minimum de ses capacités).
- Le profil du traducteur est rédigé correctement dans la langue source, c'est-à-dire avec une bonne orthographe et sans erreur de grammaire. Les échanges ultérieurs devront aussi être du même calibre.
- Les qualifications professionnelles vérifiables comme l'adhésion à des associations de traducteurs, des avis de clients ou la participation à Proz.com, par exemple.
- Une expérience antérieure dans la traduction littéraire et des avis positifs en ligne pour des travaux de traduction.
- Des avis laissés pas d'autres auteurs. Un conseil : lire soigneusement entre les lignes.
- Mention de la qualité de la traduction dans le commentaire d'un lecteur. Je rejette immédiatement de tels commentaires car une bonne traduction

devrait être indétectable. Ces commentaires indiquent soit que la traduction est mauvaise ou alors que la traduction est bonne mais que l'avis ne vient pas d'un véritable lecteur.

- Le traducteur a trop de projets en cours, ce qui pourrait avoir un impact sur la qualité du travail ou sur le respect des délais.
- L'intérêt du traducteur pour son travail. J'ai remarqué que les traducteurs qui se spécialisent dans un certain genre littéraire ou qui demandent à lire votre livre avant de prendre une décision sont les meilleurs traducteurs. Ils ne s'engagent que sur des projets qui les intéressent et pour lesquels ils savent qu'ils vont faire de l'excellent travail. Pour moi, cela représente un véritable professionnalisme.
- Leur lieu de résidence. S'ils vivent loin de leur pays d'origine (où la langue dans laquelle ils traduisent est parlée) depuis plusieurs mois, ils ne sont pas forcément au courant des dernières expressions, de l'argot et des idiomes en cours. Cet aspect pourrait être plus important pour les romans sentimentaux contemporains que pour les fictions historiques, alors jaugez en conséquence.
- Les extraits de traduction sont importants mais avec certaines mises en garde. Vous pouvez trouver un lecteur pour vérifier qu'il n'y ait aucune erreur de grammaire ou de traduction. Avoir un ami qui parle la langue cible est utile mais si celui-ci ne lit pas forcément cette langue ou ce genre littéraire, vous ne saurez pas forcément si l'extrait est bien rédigé ou non. Cette démarche doit être entreprise pour évaluer la traduction mais elle ne doit jamais être le seul critère.

- Faites confiance à votre intuition. Certaines personnes ont un profil avantageux sur le papier mais si votre intuition vous fait comprendre que quelque chose ne va pas, alors écoutez votre intuition.

À PROPOS DE L'AUTEUR

S. C. Scott a écirt des romans à suspense qui sont devenus des best-sellers et qui ont été traduits en plusieurs langues. Certaines de ces versions traduites sont devenues elles-mêmes des best-sellers.

www.ingramcontent.com/pod-product-compliance
Lightning Source LLC
Chambersburg PA
CBHW030039100526
44590CB00011B/272